Sebastian Lisowski
Birger Holz

DER KITA KOMPASS

Blickwinkel
für pädagogische
Fachkräfte

Blickwinkel für pädagogische Fachkräfte
#Inspirationen#Atempausen#Impulse
#Perspektiven#Reflexion#Vielfalt

Der Kita-Kompass

Sebastian Lisowski
Birger Holz

DER KITA KOMPASS

Dein Begleiter für den Start in der Praxis

HERDER
FREIBURG · BASEL · WIEN

MIX
Papier | Fördert gute Waldnutzung
FSC® C010798

www.herder.de

Umschlaggestaltung, Layout, Satz & Gestaltung:
wunderlichundweigand, Schwäbisch Hall

Covermotiv:
© Vector Tradition – Shutterstock; © Flash Vector – Shutterstock

Illustrationen im Innenteil:
© Rudzhan Nagiev – iStock,
© GoodStudio, Antonov Maxim, Onica Alexandru Sergiu,
Vectorbum, Daiquiri, Macrovector, Flash Vector,
Katerina Chek – alle Shutterstock, © wunderlichundweigand

Herstellung: Graspo CZ, Zlín
Printed in the Czech Republic
ISBN (Print) 978-3-451-39705-9
ISBN (PDF) 978-3-451-83360-1
ISBN (EPUB) 978-3-451-83359-5

INHALT

VORWORT

Wer kennt es nicht, das kribbelnde Gefühl eines neuen Anfangs? Jeder Schritt in unbekanntes Terrain, sei es im privaten, beruflichen oder akademischen Bereich, ist ein Sprung ins kalte Wasser. Diese Erfahrung, begleitet von einer Mischung aus Vorfreude und Nervosität, ist uns allen vertraut.
Heute, als erfahrene Pädagogen, verstehen wir die Herausforderungen und Unsicherheiten, die der Einstieg in das Universum Kita mit sich bringt. Mit diesem Buch wollen wir dir eine Starthilfe anbieten, um dich in diesem aufregenden und oft herausfordernden Abenteuer zu unterstützen.
Dieses Buch ist mehr als nur eine Sammlung von Tipps und Tricks. Es ist ein Zeichen unserer Überzeugung, dass alle, die ihre ersten Schritte in das „Kita-Universum" setzten, nicht nur eine Chance verdienen, sondern auch die bestmögliche Unterstützung erhalten sollten. Der Kita Kompass soll dir als Wegweiser dienen, dir Mut machen und zeigen, dass du nicht alleine bist.
Wir laden dich ein, dich von diesem Buch leiten zu lassen, die Aha-Momente zu genießen und dich von unseren Erfahrungen inspirieren zu lassen. Möge es dir helfen, die ersten Schritte in deiner Kita-Karriere mit Vertrauen und Begeisterung zu meistern.

Mit herzlichen Grüßen und besten Wünschen für deine Reise,
Sebastian und Birger

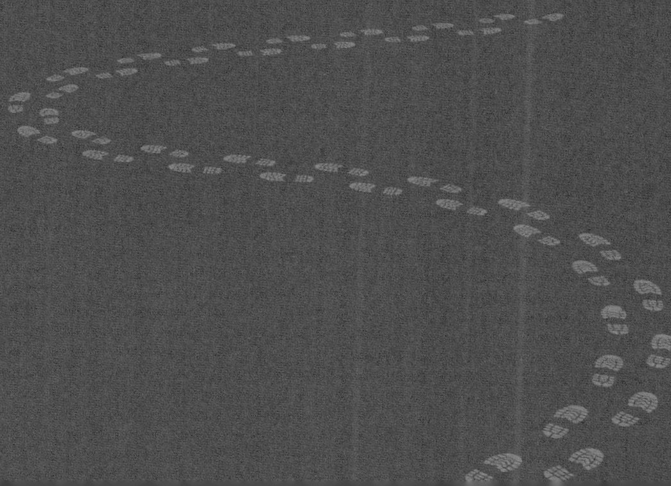

EINLEITUNG

Herzlich willkommen im Kita-Universum! Du hast dich für einen bedeutenden Schritt für unser Leben von morgen, für unsere Kinder entschieden. Ein aufregendes neues Kapitel beginnt. Ein Kapitel, das zwar mit Herausforderungen gespickt ist, aber auch unzählige Chancen für dein persönliches und berufliches Wachstum bietet.

Auf deiner Reise werden dich zeitweise Markus und Martha, zwei Protagonisten, begleiten, die unterschiedliche Herangehensweisen repräsentieren. Markus fallen die ersten Schritte bei der pädagogischen Arbeit im Kindergarten etwas schwer, und er stößt auf Hürden, während Martha bei ihren Start ins Kita-Universum bereits erste Erfolge feiern kann. Markus und Martha übermitteln dir durch ihre Erfahrungen die Grundlage, um einen gelungenen Start hinzulegen. Lerne von ihren Erfahrungen, um deinen eigenen Weg als angehende oder frisch ausgebildete Fachkraft in der Kita zu gestalten. Sei gespannt auf wertvolle Perspektiven, die dir dabei helfen, Ängste zu überwinden, Stärken zu nutzen und dein volles Potenzial in deiner neuen Rolle zu entfalten.

Wir möchten an dieser Stelle jedoch betonen, dass Markus und Martha hier jeweils einen Prototyp darstellen. So gab es zahlreiche Situationen in unserer beider beruflichen Vergangenheit, in denen wir uns wie Markus verhalten und gefühlt haben, und in anderen Situationen wieder durften wir wie Martha glänzen. Hab keine Angst davor, kleinere oder größere Irrtümer zu begehen. In jedem „Fehler" steckt ein Helfer. Zumal du aus unserer Perspektive keine wirklichen Fehler machen kannst. Du handelst aus deinem aktuellen Wissensstand heraus und mit bestem Gewissen. Rede mit deinen Kolleg:innen über deine Erfahrungen, reflektiere sie und ziehe deine Erkenntnisse daraus, um in der nächsten Situation nicht „besser", sondern eben anders und sicherer handeln zu können. Diese Momente sind die wahren Schätze, Geschenke und Wachstumsmomente auf deinem Weg durch das Kita-Universum.

Für wen ist das Buch und wie definiert sich deine Rolle?

Dieses Buch ist im Grunde genommen für alle pädagogischen Fachkräfte geeignet, die einen Perspektivwechsel benötigen und möchten, sich wieder auf das Wesentliche besinnen wollen, Praxismentor:innen, die angehende Fachkräfte begleiten, Kitaleitungen, Fachberater:innen, Fachakademie-Lehrende und Träger. Primär richtet sich das Buch aber an jene Menschen, die neu im Kita-Universum sind, in diesem Beruf ihre ersten Schritte gehen und dort etwas bewirken wollen. Damit meinen wir angehende pädagogische Fachkräfte im engeren und im weitesten Sinne.

Schülerpraktikant:in:

Als Schülerpraktikant:in erhältst Du deinen ersten Einblick in die pädagogische Arbeit. Deine Aufgaben sind vor allem das Beobachten und das Unterstützen der pädagogischen Fachkräfte. Du lernst, wie man mit Kindern interagiert und bekommst einen Eindruck vom täglichen Ablauf in der Kita.

Im Freiwilligen Sozialen Jahr (FSJ) oder als Bundesfreiwilligendienstleistende (Bufdi):

Hier kannst du dich tiefer in die Arbeit einbringen. Du unterstützt das Team, hilfst bei der Vorbereitung von Aktivitäten und lernst dabei viel über pädagogische Konzepte und die praktische Arbeit mit Kindern. Das FSJ sowie der Bundefreiwilligendienst gehen in der Regel ein Jahr lang.

Praktikant:in in der Vollzeitausbildung:

In dieser Rolle bist du sowohl Lernende als auch aktiver Mitarbeitende. Du musst Aufgaben von der Fachschule in der Praxis umsetzten und übernimmst in der Kita meist spezifische Aufgaben, planst und leitest Aktivitäten und sammelst wichtige praktische Erfahrungen für deine berufliche Entwicklung.

Auszubildende in der Teilzeitausbildung:

Du arbeitest Teilzeit in der Kita und besuchst gleichzeitig die Fachschule. Du wendest das in der Schule Gelernte in der Praxis an, entwickelst ein tiefes Verständnis für die Bedürfnisse der Kinder und die Anforderungen des Berufs. Du verbringst die gesamte Zeit deiner Ausbildung mehr in der Kita als in der Fachschule.

Studentische:r Praktikant:in:

In deinem Studium, oft in der Frühpädagogik, bringst du eine theoretische und wissenschaftliche Perspektive in die Kita. Du fokussierst dich darauf, die pädagogischen Theorien in der Praxis anzuwenden und bringst dabei aktuelle wissenschaftliche Erkenntnisse und Ansätze mit ein.

Sozialpädagogische Assistent:innen:

Du übernimmst neben der Betreuung auch „erzieherische" und bildungsbezogene Aufgaben. Du bist qualifiziert Bildungsangebote zu gestalten, Kinder in ihrer Entwicklung zu fördern und auch in pädagogischen Konzepten mitzuwirken.

Erzieherhelfer:innen:

Deine Hauptaufgabe besteht in der Unterstützung von pädagogischen Fachkräften bei der Betreuung und Versorgung von Kindern und Jugendlichen. Deine Tätigkeiten sind oft praktischer und betreuender Natur.
Du wirst hauptsächlich als Unterstützungskräfte in Kindertagesstätten, Horten und teilweise in Schulen eingesetzt. Deine Arbeit ist eng an den Anweisungen durch die pädagogischen Fachkräfte orientiert.

Quereinsteiger:in:
Als Quereinsteiger:in trittst Du in das Berufsfeld Kita ein, ohne einen traditionellen Ausbildungsweg in der Frühpädagogik absolviert zu haben. Deine Rolle im Kindergarten ist oft vielschichtig und kann sich von der eines traditionell ausgebildeten Erziehers unterscheiden. Als Quereinsteiger:in bringst Du eine Vielfalt an Erfahrungen, Kenntnissen und Perspektiven aus anderen Berufsfeldern mit, die Du in die pädagogische Arbeit einfließen lassen kannst. Diese Vielfalt ist eine Bereicherung für das Kitateam und die pädagogische Arbeit.
Der Werdegang von Quereinsteiger:innen kann ganz unterschiedlich sein. Es kann je nach beruflicher Vorerfahrung sein, dass du „nur" einen Qualifikationskurs innerhalb einer gewissen Zeitspanne absolvieren musst oder es kann sein, dass du einen berufsrelevanten Abschluss nachholen musst.

Fachkraft im Berufseinstieg:
Du stehst am Anfang deiner beruflichen Laufbahn. Du übernimmst die volle Verantwortung für die Betreuung und Begleitung der Kinder, planst und führst Bildungsangebote durch und bist ein essentieller Teil des Kita-Teams. Diese Phase ist geprägt von Lernen durch Erfahrung, Weiterentwicklung deiner Kompetenzen und dem Aufbau deiner eigenen pädagogischen Identität.

Jede dieser Rollen hat ihren eigenen Schwerpunkt und auch eine ganz unterschiedliche Verweildauer im Kita-Universum. Doch eins haben all diese Personengruppen gemeinsam: Es sind meist ihre ersten Schritte in der Kita-Welt – und das oft ohne Karte und Kompass zur Orientierung.

Finde deine Rolle im Kita-Universum

Im „Universum Kita" bist du von Beginn an auf einer stetigen Reise. Nicht nur mit den Kindern, ihren Familien oder deinen Kolleg:innen, sondern auch mit dir selbst. Es ist eine Reise des Findens. Der Prozess der Rollenfindung ist entscheidend für deine professionelle Entwicklung und deine Fähigkeiten.

Deine Rolle in der Kita ist mehr als nur eine Liste von Aufgaben und Verantwortlichkeiten. Sie ist ein Spiegel deiner Persönlichkeit, deiner Werte und deiner pädagogischen Überzeugungen. Indem du deine Rolle aktiv gestaltest, trägst du zur Schaffung einer Umgebung bei, in der sich alle Akteur:innen, allen voran du selbst, wohl und sicher fühlen können.

Rollenfindung ist ein dynamischer Prozess. Deine Rolle entwickelt sich kontinuierlich weiter, während du neue Erfahrungen machst, Herausforderungen meisterst, mit und von den Kindern und deinen Kolleg:innen lernst. Sei offen für Veränderungen in der Definition deiner Rolle. Dies ist ein natürlicher Teil deiner beruflichen Entwicklung.

Reflexion ist ein mächtiges Werkzeug auf diesem Weg. Nimm dir regelmäßig Zeit, um über deine Erfahrungen nachzudenken, Feedback zu suchen sowie deine Methoden und Ansätze zu überdenken. Dies hilft dir nicht nur, ein tieferes Verständnis für deine Rolle zu entwickeln, sondern auch, dich als (angehende) Fachkraft weiterzuentwickeln.

Sei mutig in deinem Bestreben, deine Rolle zu finden und zu definieren. Es wird Momente der Unsicherheit und Herausforderungen geben; aber jede Erfahrung trägt zu deinem Wachstum bei. Hab Geduld mit dir selbst. Rollenfindung ist ein Prozess, der Zeit und Erfahrung erfordert.

Erinnere dich daran, dass du Teil eines Teams bist. Jede Rolle im Kita-Universum ist wichtig und trägt zum Gesamterfolg bei. Die Zusammenarbeit mit deinen Kolleg:innen und der Austausch von Ideen und Perspektiven sind wertvolle Bestandteile deiner beruflichen Entwicklung.

Deine Rolle in der Kita zu definieren und zu finden ist ein spannender und bereichernder Prozess. Er ermöglicht es dir nicht nur, einen Beitrag zum Leben der Kinder zu leisten, sondern auch dich selbst als Fachkraft zu entfalten und zu wachsen. Sei offen, sei neugierig und trau dich, deinen eigenen Weg im Kita-Universum zu finden. Dein Engagement und deine Leidenschaft sind der Schlüssel zu einer erfüllenden und erfolgreichen beruflichen Laufbahn.

Eine Fülle unterschiedlicher Rollen wartet auf dich

In deinem Berufsleben wirst du zwischen unterschiedlichen Rollen hin und her wechseln. Als (angehende) Fachkraft hast du je nach deinem Gegenüber und/oder der jeweiligen Situation häufig eine andere Rolle. Lass dich von dieser Aufzählung nicht verunsichern.

Für Kinder wirst du

Wegbegleiter:in, Lernbegleiter:in, Impulsgeber:in, Mutspender:in, Tröster:in, Forscher:in, Philosoph:in, Künstler:in, Sanitäter:in, Bezugsperson, Freund:in, Spielpartner:in, Unterstützer:in, Koch/Köchin, Vertrauensperson, Musiker:in, Motivator:in, Geschichtenerzähler:in, Konfliktcoach, Sportbuddy u.v.m.

Für die Familien wirst du

Brückenbauer:in, Bezugsperson, Informationsquelle, Beschützer:in der Kinder, Unterstützer:in, Berater:in, Veranstalter:in, Konfliktlöser:in, Vermittler:in, Koordinator:in, Sündenbock, Moderator:in u.v.m.

Für deine Kolleg:innen wirst du

Unterstützer:in, Ideengeber:in, Kritiker:in, Organisator:in, Kommunikator:in, Visionär:in, Vertraute:r, Teammitglied, Helfer:in, Analytiker:in, Fachkraft, Auszubildende, Studierende u.v.m.

Diese Rollen sind normaler Bestandteil dieses lebendigen Berufes. Die Reise durch das Kita-Universum wird viel Agilität und Flexibilität in deiner Rollenfindung voraussetzen. Dazu kommen deine individuellen Rollen, die du als Privatperson mitbringst und deine Rollenfindung in deiner Arbeit mit beeinflussen. Den genauen Weg kann dir hier keiner vorgeben. Indem du dir die Erwartungen an deine Arbeit verdeutlichst und alles, was dazugehört, wirst du auch deine Rolle ganz persönlich definieren.

REFLEXION

Reflexionsfragen zur Rollenfindung

Was motiviert mich in der Arbeit mit Kindern?

Überlege, was dich in die Welt der Frühpädagogik geführt hat. Ist es die Freude am Umgang mit Kindern, der Wunsch, Bildung zu gestalten, oder etwas ganz anderes? Deine Motivation gibt dir Aufschluss darüber, was dir in deiner Arbeit wichtig ist (siehe Kapitel 2).

Welche Stärken bringe ich in meine Rolle ein?

Jeder und jede bringt einzigartige Fähigkeiten und Talente in die berufliche Rolle ein. Vielleicht bist du besonders kreativ, empathisch oder organisatorisch stark? Erkenne und nutze diese Stärken, um deine Rolle in der Kita aktiv zu gestalten (siehe Kapitel 2.3).

Wie möchte ich von den Kindern, Eltern und Kolleg:innen wahrgenommen werden?

Dein professionelles Selbstbild ist entscheidend für die Art und Weise, wie du interagierst und welche Beziehungen du aufbaust. Überlege dir, welche Eigenschaften und Werte du verkörpern möchtest.

Kapitel 1

Kita – einfach nur ein Job oder doch eher Beruf(ung)?

Die Arbeit im Kita-Universum ist etwas ganz Besonderes. Wenn du dich gerade zum ersten Mal oder noch nicht so lange in diesem Bereich bewegst, wirst du bald feststellen, dass es **viel mehr als nur ein Job** ist: In einer Kita zu arbeiten bedeutet, das Leben von morgen mit zu formen und eine entscheidende Rolle in den wichtigsten Jahren der individuellen Entwicklung zu spielen. Im Folgenden nennen wir zentrale Gründe, warum diese Arbeit so einzigartig und erfüllend ist, und welche Eigenschaften du dafür brauchst.

1.1 DER BERUF ALS CHANCE

In einer Kita zu arbeiten bedeutet, aktiv die Zukunft zu gestalten. Du prägst junge Leben in bedeutenden Jahren ihrer Entwicklung. Deine Worte und Taten können tiefgreifende Auswirkungen auf die Entwicklung eines Kindes haben. Du bist nicht nur Lernbegleiter:in, sondern auch Wegbegleiter:in, Vorbild und Vertrauensperson. Die Aufmerksamkeit und Sorgfalt, die du den Kindern schenkst, **formt ihre Persönlichkeit** und hat entscheidenden Einfluss auf ihre Entwicklung.

Ein Tag in der Kita ist nie wie der andere. Hier kannst du deine **Kreativität voll entfalten** – sei es bei der Gestaltung von gemeinsamen Aktivitäten, beim künstlerischen Gestalten oder beim Singen. Nicht nur deine künstlerische Kreativität ist gefordert, sondern auch deine organisatorische, problemlösende oder partizipative Kreativität spielen eine große Rolle in der Kita. Du wirst die Möglichkeit bekommen, die unterschiedlichsten Situationen auf kreative und individuelle Art und Weise lösen zu dürfen. Du hast die Chance, die Neugier und die Freude am Entdecken bei den Kindern zu wecken. Dein Arbeitsalltag ist gefüllt mit Farben, Lachen und unvorhersehbaren Momenten.

Die **emotionale Wertschätzung**, die du in diesem Beruf erfährst, ist unvergleichlich. Die Fortschritte der Kinder zu beobachten, ihre ersten Worte, Schritte oder das Lösen kleiner Probleme – all das sind Momente, die dir zeigen, wie wertvoll deine Arbeit ist. Kinder in einer Kita sind voller Neugier und ungebremster Lebensfreude. Jedes Kind ist einzigartig, mit eigenen Stärken, Bedarfen und einem unendlichen (unentdeckten) Potenzial. Als angehende Fachkraft hast du die seltene und wertvolle Gelegenheit, diese kleinen Persönlichkeiten in ihrer Entwicklung zu begleiten. Du wirst Zeuge bzw. Zeugin ihrer ersten Erfolge, sei es ein neues Wort, das sie lernen, oder ein Problem, das sie eigenständig lösen. Diese Momente sind von unschätzbarem Wert und erinnern stets daran, warum dieser Beruf so besonders ist.

In der Kita ist es entscheidend, dass du mit ganzem Herzen dabei bist. Kinder spüren, ob jemand authentisch ist und **echtes Interesse** an ihrem Wohl hat. Mit Herz und Leidenschaft dabei zu sein bedeutet, jeden Tag mit dem Wunsch anzutreten, das Beste für jedes Kind zu erreichen. Es bedeutet, geduldig zu sein, wenn ein Kind mehr Zeit braucht, und freudig mitzufeiern, wenn es Fortschritte macht.

1.2 WELCHE EIGENSCHAFTEN BRAUCHST DU?

Die Arbeit in einer Kita ist eine einzigartige Mischung aus Herausforderung und Freude. Wenn du Leidenschaft, Hingabe und entsprechende Eigenschaften mitbringst, wirst du in diesem Beruf nicht nur erfolgreich sein, sondern auch Erfüllung finden.

INFO

Wesentliche Eigenschaften für die Kita-Arbeit

Empathie: Du musst dich in die Lage der Kinder hineinversetzen können. Verständnis für ihre Gefühle und Bedürfnisse zu haben ist grundlegend für eine erfolgreiche Beziehung.

Geduld: Kinder lernen in ihrem eigenen Tempo. Die Fähigkeit, geduldig und beharrlich zu bleiben, auch wenn Fortschritte langwierig erscheinen, ist essenziell.

Kreativität & Fantasie: Die Kreativität und die Fantasie der Kinder sind grenzenlos. Auch du solltest in der Lage sein, die Kinder mit eigenen Impulsen und Ansätzen zu unterstützen und dich auf ihre Ideen einzulassen.

Kommunikationsfähigkeit: Klare und liebevolle Kommunikation auf Augenhöhe ist der Schlüssel, um effektiv mit Kindern und ihren Eltern zu interagieren.

Engagement & Herzlichkeit: Deine echte Begeisterung und Wärme sind das, was Kinder am meisten spüren und wodurch sie sich sicher und verstanden fühlen.

Kapitel 2

Kenne dein „Warum“!

Stell dir vor, du betrittst zum ersten Mal einen Kindergarten, wo jedes Kind, jedes Material, jede Zeichnung an der Wand eine Welt voller Möglichkeiten darstellt. In dieser Welt bist du nicht nur Beobachter:in, sondern Gestalter:in, Inspirator:in und Wegweiser:in. Um diese Rolle(n) wirkungsvoll auszufüllen, ist es entscheidend, das persönliche „Warum“ zu kennen. Dein ganz individuelles „Warum“ ist dein **innerer Motor**, deine Motivation, um durchzuhalten, kreativ und flexibel im Alltag zu bleiben, ohne dein Ziel aus den Augen zu verlieren.

REFLEXION

Reflexionsfragen zu deinem „Warum“

» Warum möchtest du im Kindergarten arbeiten?
» Was ist es, das dich in dieses Arbeitsfeld treibt und neugierig macht?“

Du musst diese Fragen nicht sofort beantworten, doch behalte sie beim Lesen des Buches stets im Hinterkopf und versuche, dein „Warum“ am Ende noch einmal für dich selbst bis in kleinstes Detail zu beschreiben (siehe im Workbook die Übungen 1–5).
Das „Warum“ ist dein **Kompass,** der deine Handlungen lenkt. Es ist der leuchtende Stern, der dich durch die Herausforderungen und Freuden deiner beruflichen Reise führt. In der hektischen Umgebung einer Kita bietet dir dein „Warum“ eine klare Orientierung und hilft dir, Prioritäten zu setzen und Entscheidungen zu treffen, die im Einklang mit deinen **Werten und Überzeugungen** stehen.

Dein „Warum" ermöglicht dir, jedes Kind individuell zu sehen und zu verstehen, was es braucht, um sich zu entfalten. Du wirst feststellen, dass dein „Warum" nicht nur dich selbst, sondern auch die Kinder, deine Kolleg:innen und womöglich die Familien inspiriert, ihre eigenen kleinen Wunder zu vollbringen. Dein „Warum" wird dir dabei helfen, in stürmischen Zeiten deine Richtung beizubehalten und optimistisch in die Zukunft zu blicken.

2.1 BIOGRAFIEARBEIT HILFT BEI DER SUCHE NACH DEINEM „WARUM"

EXKURS

Biografiearbeit

Biografiearbeit ist ein Ansatz in der Pädagogik, Psychologie und Persönlichkeitsentwicklung, der sich mit der **Reflexion** und Aufarbeitung der eigenen Lebensgeschichte befasst. Sie hilft Menschen, ein tieferes Verständnis für ihre eigene Entwicklung, Verhaltensweisen und Gefühle zu entwickeln. Durch die Auseinandersetzung mit der eigenen Vergangenheit können Menschen **sich ihrer selbst bewusst werden** und somit ihre Persönlichkeit stärken.

Im pädagogischen Kontext ist die Biografiearbeit besonders wichtig, da sie pädagogischen Fachkräften hilft, ihre eigenen Erfahrungen, Werte und Einstellungen zu verstehen und zu reflektieren. Dies ist von zentraler Bedeutung, da die persönlichen Hintergründe und die individuelle Geschichte der Pädagog:innen einen erheblichen Einfluss auf ihre Interaktionen mit den Kindern und ihre pädagogische Herangehensweise haben. Durch die Biografiearbeit können angehende Fachkräfte eigene Vorurteile und unbewusste Verhaltensmuster erkennen und bearbeiten, was zu einer offeneren, vorurteilsbewussten und empathischeren Begleitung der Kinder führt.

Wir möchten dir anhand eines Beispiels aufzeigen, wie es einem unserer Seminarteilnehmer ging, wie er sein „Warum" erkannt hat und welche Rolle die biografische Selbstreflexion dabei gespielt hat:

„All die Jahre war der Satz ‚Ich habe einfach ein gutes Händchen für Kinder' mein ‚Warum'. Eine weitere Erklärung lautete: ‚Ich liebe die Fantasie und die Ehrlichkeit von Kindern.' Der Glaube an dieses ‚Warum' hat sich bis zur Geburt meines Sohnes wacker gehalten. Dann habe ich erkannt, dass die ganze Zeit ein anderer Antrieb für mich entscheidend war."
Unser Seminarteilnehmer ist ohne Vater und ohne jegliche Informationen über ihn aufgewachsen. Mit der Geburt seines Sohnes hat sich die Priorität in seinem Leben schlagartig verändert und er erkannte sein wahres „Warum" der letzten 15 Jahre:
„Ich habe das Fehlen einer Vaterfigur durch die Arbeit im Kindergarten kompensiert und wollte für alle Kinder der Vater sein, den ich nie hatte. Erst mit der Geburt meines Sohnes wurde mir klar, dass ich nicht der Vater für andere Kinder sein möchte, kann und muss. In all den Jahren zuvor habe ich so unter einem irrtümlichen ‚Warum' gearbeitet. Ich habe mich immer gewundert, weswegen mir die Arbeit so wichtig war. Diese Erkenntnis hat mich viel über mich selbst gelehrt. Hätte ich mich früher mit meinem ‚Warum' ehrlich auseinandergesetzt, hätte ich meine Arbeit mit einer anderen Perspektive und Professionalität gelebt. Ich hätte zum Beispiel viele Konflikte nicht persönlich genommen, als Angriff auf mich als ‚Vaterfigur'. Doch konnte ich mich nicht von der unterbewussten Rolle distanzieren."

Warum erzählen wir das? Jede:r von uns hat seinen ganz eigenen Rucksack zu tragen. Unser Rucksack prägt jedoch unser „Warum" sehr stark. Wir brauchen das Bewusstsein für unser „Warum", damit wir unsere **Professionalität (weiter-) entwickeln** und damit den Kindern gerecht werden können. Die eigene Biografie zu beleuchten, macht bei der Auseinandersetzung und der Suche nach dem „Warum" also durchaus Sinn.

2.2 DEIN „WARUM" UND DEINE WERTE

Dein „Warum" ist eng mit deinen **Werten** verbunden. Es spiegelt wider, was du in der Welt bewirken willst und wie du diese Wirkung erzielen möchtet. Wenn deine Handlungen und Entscheidungen mit deinen Werten übereinstimmen, fühlst du dich erfüllt und motiviert. Dies ist besonders im pädagogischen Bereich wichtig, wo deine Werte sich direkt auf die Entwicklung der Kinder auswirken (vgl. nifbe 2023).

Deine Werte sind sozusagen der **emotionale Kompass,** der dich auf deiner pädagogischen Reise leitet. Sie sind tief in deinem Inneren verankert und beeinflussen, wie du Entscheidungen triffst, handelst und dich in deiner Rolle als (angehende) pädagogische Fachkraft engagierst. Wenn du dein „Warum" verstehst und es mit deinen Werten in Einklang steht, erlangt deine Arbeit eine tiefere Bedeutung.

MERKE!

Werte sind die Überzeugungen, die deine Handlungen und Entscheidungen leiten. Sie sind deine moralische Kompassnadel, die dir sagt, was richtig und wichtig ist. Im pädagogischen Kontext haben Werte eine besonders starke Bedeutung, da sie deine Haltung zu den Kindern und damit deine Interaktionen mit ihnen direkt beeinflussen.

Werte zu hinterfragen und auf den Prüfstand zu stellen ist genauso wichtig, wie sich ihrer bewusst zu sein. Bei Werten kann es sich unter anderem um zugeschriebene Werte handeln, die dein „Warum" in eine falsche Richtung führen. Dadurch können negative Glaubenssätze entstehen, die dich nachhaltig auf deiner Reise durch das Kita-Universum beeinflussen (siehe dazu auch Workbook, Seite xxx Glaubenssätze).

Die Auseinandersetzung mit deinen Werten ermöglicht dir, deine Route durch das Kita-Universum klarer zu definieren: Welche **Prinzipien** sind dir besonders wichtig? Wie spiegeln sich diese in deinem täglichen zwischenmenschlichen Handeln wider? Das Bewusstsein für deine Werte schafft

nicht nur eine Richtschnur für deine Entscheidungen, sondern stärkt auch deine Fähigkeit einer **positiven Begleitung** der Kinder im Kita-Alltag.
Ein weiterer bedeutender Aspekt deiner Werte bezieht sich auf die Teamarbeit. Als Teil eines pädagogischen Teams ist es entscheidend, gemeinsame Werte zu identifizieren und zu pflegen. Dies fördert eine harmonische Zusammenarbeit, in der die individuellen Stärken jedes Teammitglieds im Einklang mit den gemeinsamen Werten genutzt werden können. Ein geteiltes Werteverständnis bildet somit das Rückgrat eines effektiven und sich unterstützenden Teams.

> „Jeder von uns hat nur ein einziges WARUM. Das WARUM ist der eigene durchgehende Faden, der das Beste in uns ans Tageslicht bringt und uns erfüllt sein lässt."
>
> SIMON SINEK

MERKE!

Deine **Werte sind nicht statisch,** sondern können sich im Laufe deines Lebens (und deiner beruflichen Entwicklung) verändern. Durch **kontinuierliche Reflexion** kannst du deine Werte verfeinern und an neue Erkenntnisse anpassen. Dieser Prozess ermöglicht eine **anhaltende persönliche und professionelle Weiterentwicklung.**

Deine Werte sind nicht nur ein integraler Bestandteil deines „Warums", sondern auch ein Schlüssel zu einer erfüllenden und wirkungsvollen pädagogischen Praxis. Sie schaffen eine **Grundlage für dein authentisches Handeln** und unterstützen die ethische Entscheidungsfindung.

Das Verstehen deines persönlichen „Warums" ist ein kraftvoller Schritt auf deiner Reise als (angehende) pädagogische Fachkraft. Dieser Prozess wird dir Klarheit, Orientierung und eine tiefere Verbindung zu deiner Arbeit schenken. Mit diesem Wissen bist du nicht nur besser ausgerüstet, um die Herausforderungen des Kita-Alltags zu meistern, sondern auch, um jeden Tag ein positives Umfeld im Leben der Kinder zu gestalten (vgl. Sinek, Mead & Docker 2018. S. 22ff.).

Gehe voran mit dem Wissen um dein „Warum" und werde zu einem Leuchtturm des gemeinsamen Miteinanders und die Inspiration für die nächste Generation (siehe dazu auch Workbook, Seite xxx).

INFO

Eine Kurzanleitung: Wie du dein „Warum" findest

Selbstreflexion: Nimm dir Zeit, um über deine bisherigen Erfahrungen und Leidenschaften nachzudenken. Was motiviert dich? Was gibt dir Energie?

Werte erkunden: Identifiziere, welche Werte dir am wichtigsten sind. Wie passen diese Werte zu deiner Rolle in der Kita?

Vision für die Zukunft: Stell dir vor, wo du in fünf oder zehn Jahren sein möchtest. Wie sieht deine ideale Rolle im Bereich der Pädagogik aus?

Feedback einholen: Sprich mit Kolleg:innen, Mentor:innen und Freund:innen. Du wirst überrascht sein, wie andere deine Stärken und Leidenschaften wahrnehmen.

Das „Warum" formulieren: Schreibe dein „Warum" nieder. Mache es konkret und greifbar. Diese Aufzeichnungen werden dein Kompass sein.

2.3 DEINE STÄRKEN – DEINE RESSOURCEN

Dein „Warum" gibt dir den nötigen Sinn, deine Werte geben dir die Richtung vor, und deine Stärken und Interessen werden dir dabei helfen, diesen Weg erfolgreich zu gehen. Deine Superkräfte heißen „einzigartig" und „wertvoll". Deine Stärken und Interessen als Ressourcen zu erkennen und einzusetzen erleichtert nicht nur deinen Start in der Kita, sondern ermöglicht es dir auch, die Vielfalt der Stärken und Bedürfnisse der Kinder, ihrer Familien und deiner Kolleg:innen besser zu verstehen und darauf einzugehen.

Deine Begeisterung für Musik, deine Geduld beim Zuhören oder deine Kreativität beim Malen, deine Affinität zum Sport etc. – all dies sind Ressourcen, die du nutzen kannst, um die Lernerfahrungen der Kinder zu bereichern und deine Rolle zu finden. Wenn du deine eigenen Stärken erkennst, wirst du sensibler für die Potenziale in deinem Umfeld. Das Bewusstsein über deine Stärken wird dir den Mut spenden, dich sicherer in der Arbeit mit den Kindern zu bewegen. Dieses Bewusstsein hilft dir, eine unterstützende und inspirierende Atmosphäre zu schaffen, in der jedes Kind gemäß seiner individuellen Fähigkeiten gefördert wird.

Wir möchten dich dazu ermutigen, die eigenen Stärken und Interessen zu erkunden und als Ressource zu sehen. Sie werden dir auf deiner Reise durch das Kita-Universum die nötige Kraft spenden, dranzubleiben.

50 Stärken – welche ist deine?

Hier stellen wir dir 50 Stärken vor, die sehr individuell sind und doch spezifisch für die Arbeit in der Kita. Jede Stärke ist so formuliert, dass du dich und deine Fähigkeiten in der Beschreibung wiederfinden kannst:

1 **Empathie:** Du spürst, was Kinder fühlen und brauchen. Du kannst dich also in sie hineinversetzen. Somit kannst du einfühlsam reagieren.

2 **Kreativität** Du sprudelst vor Kreativität und Fantasie. Du liebst es, die Welt aus einer anderen Perspektive zu betrachten.

3 **Kommunikationsfähigkeit:** Du kannst gut, klar und deutlich kommunizieren, die Menschen hängen an deinen Lippen.

4 **Organisationstalent:** Du liebst es, Feste, Reisen, Projekte oder andere Sachen zu planen, und hast stets den Überblick.

5 **Teamfähigkeit:** Du arbeitest gerne mit anderen zusammen und teilst dein Wissen.

6 **Resilienz:** Du bleibst stark; auch wenn es schwierig wird, findest du Lösungen und bleibst optimistisch.

7 **Fachwissen:** Du hast fundierte theoretische Kenntnisse in den Themen der frühen Bildung.

8 **Geduld:** Du gibst Kindern die Zeit, die sie brauchen, um zu lernen und zu wachsen.

9 **Begeisterungsfähigkeit:** Du kannst dich und andere für neue Themen begeistern.

10 **Zuverlässigkeit:** Auf dich kann man sich immer verlassen.

11 **Flexibilität:** Du kannst dich schnell auf neue Situationen einstellen.

12 **Beobachtungsgabe:** Du erkennst die Bedürfnisse der Kinder und reagierst darauf.

13 **Interkulturelle Kompetenz:** Du gehst offen und wertschätzend mit Vielfalt um.

14 **Musikalität:** Musik ist dein Leben, egal ob Singen, Musizieren oder die Beherrschung eines oder mehrerer Instrumente.

15 **Sportlichkeit:** Du hast Freude an der Bewegung. Sport ist für dich mehr als nur ein Hobby.

16 **Naturverbundenheit:** Du verbringst viel Zeit in der Natur und weißt, wie wichtig es ist, im Einklang mit der Natur zu leben.

17 **Sprachkompetenz** Du hast Freude am Sprechen und Erlernen von neuen Sprachen. Vielleich sprichst du sogar mehrere (Fremd-) Sprachen?

18 **Konfliktlösungsfähigkeit:** Du schlichtest Streitigkeiten fair und konstruktiv.

19 **Vorlesekompetenz:** Du kannst Geschichten so vorlesen (erzählen), dass Kinder ganz Ohr sind. Du füllst die geschriebenen Worte mit Leben.

20 **Digitale Kompetenz:** Du weißt digitale Medien gezielt eizusetzen. Du kannst eine Brücke für all diejenigen sein, die hier Berührungsängste haben.

21 **Neugier:** Du bist immer offen für Neues und teilst deine Entdeckungen mit den Kindern.

22 **Selbstbewusstsein:** Du stehst zu deinen Stärken und setzt sie gezielt ein.

23 **Kritikfähigkeit:** Du nimmst Feedback an und nutzt es für deine Entwicklung.

24 **Motivationsfähigkeit:** Du kannst dich und andere ermutigen und für Ziele begeistern. „Geht nicht" gibt es bei dir nicht.

25 **Einfallsreichtum:** Du findest kreative Lösungen für Herausforderungen und Situationen, die niemand in Betracht gezogen hat.

26 **Anpassungsfähigkeit:** Du passt dich und deine Handlungen stets den Bedürfnissen und der Situation deines Gegenübers an.

27 **Positives Denken:** Du siehst das Gute in Situationen und motivierst andere.

28 **Achtsamkeit:** Du lebst im Moment, bist dir und der Situation sehr bewusst.

29 **Pädagogisches Geschick:** Du weißt, wie man Lerninhalte kindgerecht vermittelt.

30 **Kunstfertigkeit** Egal ob Malen, Zeichnen, Handwerken oder Gestalten, du liebst es, Dinge aus deiner Fantasie in die Realität umzusetzen.

31 **Gerechtigkeitssinn:** Du hast einen ausgesprochenen Sinn für Fairness und Gleichberechtigung.

32 **Intuition:** Du spürst, was Menschen oder Situationen genau in dem Moment benötigen, oft auch ohne Worte.

33 **Leidenschaft für das Lehren:** Du liebst deine Arbeit und inspirierst andere damit.

34 **Innovationsgeist:** Du bringst neue Ideen ein und traust dich gerne, Neues anzugehen.

35 **Umweltbewusstsein:** Du vermittelst Wertschätzung für unseren Planeten.

36 **Entscheidungsfähigkeit:** Du triffst klare Entscheidungen für dich und zum Wohl der Kinder.

37 **Belastbarkeit:** Du bleibst auch in stressigen Zeiten ruhig und fokussiert.

38 **Humor:** Du nutzt Humor als Werkzeug zum Lernen und Entspannen.

39 **Mitgefühl:** Du zeigst Verständnis und Fürsorge für die Gefühlszustände anderer.

40 **Vermittlungskompetenz:** Du bist in der Lage, komplexe Inhalte einfach darzustellen – so, dass jedes Kind es verstehen kann.

41 **Selbstreflexion:** Du reflektierst dein Handeln, um dich stetig zu hinterfragen.

42 **Lernbereitschaft:** Du bist immer offen, Neues zu lernen und dich weiterzuentwickeln.

43 **Durchsetzungsvermögen:** Du vertrittst klar deine pädagogischen Überzeugungen.

44 **Verantwortungsbewusstsein:** Du übernimmst Verantwortung für dein Handeln und die dir übertragenen Aufgaben.

45 **Offenheit für Feedback:** Du gehst offen und wertschätzend mit Vielfalt um.

46 **Begeisterung für Naturwissenschaften:** Du bist Forscher:in durch und durch. Du bist davon fasziniert davon, zu verstehen, wie die Welt funktioniert.

47 **Disziplin:** Du setzt dir persönliche Ziele und verfolgst diese, bis du sie erreicht hast. Dabei helfen dir Selbstorganisation, eine Roadmap und der Wille, dein Ziel zu erreichen.

48 **Didaktische Fähigkeiten:** Du planst und gestaltest Lernprozesse so, dass sie optimal auf die Bedürfnisse und Fähigkeiten der Kinder abgestimmt sind.

49 **Führungsqualitäten:** Du leitest Projekte und Gruppen mit Selbstbewusstsein. len.

50 **Sensibilität für Inklusion:** Du sorgst dafür, dass sich jedes Kind zugehörig fühlt.

Konntest du die eine oder andere Stärke an dir entdecken? Wir sind uns ziemlich sicher, dass du dich wiedergefunden hast. Bereits das Bewusstsein über eine deiner (zahlreichen) Stärken wird dir dabei helfen, in deiner ersten Zeit sicher Fuß zu fassen. Wenn du dich an deinen Stärken orientierst, dann hast du gleich zu Beginn etwas, das dir dabei hilft, eine Verbindung und einen Anschluss zu schaffen. Konzentriere dich auf deine Stärken und nicht auf das, was du weniger gut kannst. Getreu dem Motto: **Deine Stärken stärken und deine Schwächen schwächen.**

Ein kleines Beispiel:

Musik ist deine absolute Leidenschaft und somit auch deine Stärke. Du kannst genau darüber einen Zugang zu den Kindern finden, der dir dabei hilft dich sicher zu fühlen und authentisch zu bleiben. Du wirst sehen, dass auch Familien und Kolleg:innen deine Stärke schnell als Ressource wahrnehmen werden.

2.4 DEINE HALTUNG GEGENÜBER KINDERN, FAMILIEN & KOLLEG:INNEN

Wichtiger kann kaum etwas sein wie dein Bild vom Menschen – bezogen auf Kinder und auf Erwachsene. Diese inneren Bilder sind meist schon früh, in deiner Kindheit entstanden. Sie wuchsen und wurden kräftiger. Du bist einzigartig, und das ist auch gut so. Aber was, wenn deine innere Haltung dich immer wieder vor Herausforderungen stellt?

„Es gibt keine Grenzen des Wachstums, denn es gibt keine Grenzen der menschlichen Fähigkeit für Intelligenz, Phantasie und Staunen."

RONALD REAGAN

MERKE!

Innere Bilder sind konkrete visuelle Vorstellungen eines jeden Menschen. Ein **Gedächtnisbild** ist das im Gehirn abgespeicherte Wahrnehmungsbild, das in Abwesenheit des Gegenstandes aus dem Gedächtnis abgerufen wird. Gedächtnisbilder werden auch „Memory Images" oder „Mental Images" genannt. Unser Gehirn speichert unzählige innere Bilder wie ein Computerspeicher.

„Wer auf den rechten Weg will, muss durchaus durch sich selbst hindurch."
WILHELM BUSCH

Deine Haltung zu den Menschen kannst du dir wie eine Landkarte vorstellen. Diese Karte wird ständig aktualisiert und weiterentwickelt, basierend auf deinen Erfahrungen und Überzeugungen. Überlege, wie deine Beziehungen in der Vergangenheit, sei es mit deinen Eltern, Geschwistern oder engen Freund:innen, deine heutige Sichtweise geprägt haben.

Mit deinen ersten Schritten in der Kita möchtest du möglicherweise sicherstellen, dass dein „innerer Kompass" gut eingestellt ist. Schaue kritisch auf deine Einstellungen zu den verschiedenen Akteur:innen in der Kita und frage dich, wie dadurch deine tägliche pädagogische Arbeit beeinflusst werden könnte.

Die Auseinandersetzung mit deiner Haltung erfordert Offenheit und Selbstreflexion. Überlege, welche inneren Bilder und Überzeugungen deine Interaktionen mit den Kindern, den Eltern und dem Team beeinflussen könnten. Diese Reflexion ist wie das Aktualisieren deiner „Landkarte" – du erweiterst aktiv deine Sichtweise.

Eine positive und reflektierte Haltung bildet das Fundament für eine erfolgreiche pädagogische Praxis. Sie ermöglicht einen respektvollen Umgang mit allen Beteiligten und schafft Raum für Kreativität und Innovation in deiner Arbeit. Denke daran, dass deine Haltung kein starres Konzept ist.

Sie kann sich im Laufe der Zeit verändern und weiterentwickeln. Sei bereit, deine Einstellungen zu überprüfen und zu wachsen, besonders zu Beginn deiner Kita-Reise.
Die Vielfalt der pädagogischen Ansätze und Theorien bietet dir eine Fülle von Erkenntnissen, die deine Sichtweise und Haltung bereichern können. Die Integration verschiedener Perspektiven erweitert deinen Horizont und trägt zu einer ganzheitlichen Betrachtung bei. Deine Haltung ist ein wichtiger Wegweiser in der Welt der Kita. Jeder Tag bietet neue Chancen zur Weiterentwicklung und Entdeckung. Nutze diese Gelegenheiten, um deine Einstellung und damit auch deine pädagogische Praxis zu verfeinern.

REFLEXION

Reflexionsfragen zur inneren Haltung

» Wie siehst du die Kita-Kinder und ihre Familien und wie stehst du zu den Kolleg:innen und der Kita-Leitung?
» Welche inneren Bilder hast du im Hinblick auf deine eigenen Kindheit und deine Beziehungen zu Familie und Freund:innen?
» Wie reagierst du auf herausfordernde Situationen mit Kindern, Eltern oder Kolleg:innen?
» Welche Erwartungen und Überzeugungen hast du bezüglich der Entwicklung von Kindern und der Zusammenarbeit mit Eltern?

Kapitel 3

Dein beziehungsorientierter Zugang zu Kindern

Die Kinder werden in deiner Arbeit, neben den Familien, deine Hauptzielgruppe sein. Deswegen ist es wichtig zu wissen, wie du mit ihnen umgehen und wie du sie besser verstehen kannst: In der Ausbildung oder dem Studium lernt man viele entwicklungspsychologische und soziologische Theorien und Modelle kennen, um Kinder zu „verstehen". Das ist richtig und wichtig. Doch bei all dieser Theorie kann es schnell passieren, dass man das Zwischenmenschliche und die Beziehung dahinter aus dem Auge verliert. Aus diesem Grund solltest du dir die folgenden Punkte bewusst machen:

» **Die eigene Vorbildfunktion**
» **Das Prinzip des guten Grundes**
» **Die Rechte der Kinder**

3.1 DIE EIGENE VORBILDFUNKTION

Kinder lernen durch das, was sie sehen, und nicht durch das, was wir von ihnen verlangen. Daher ist es entscheidend, dass du dir deiner Rolle als Vorbild bewusst bist. Erwachsene Bezugspersonen können Kindern das Lernen positiv vorleben. Kinder blicken im wahrsten Sinne des Wortes zu uns Erwachsenen auf und sehen in uns Expert:innen des Lebens; sie wollen von uns und mit uns lernen. Was bedeutet das nun genau für dich?

TIPP

Anstatt von den Kindern „nur“ zu erwarten, dass sie die Dinge „richtig“ aufräumen, versuche es den Kindern vorzuleben und ihnen zu zeigen, wie viel Spaß Aufräumen machen kann und gehe mit ihnen in den Dialog darüber, wie sie gerne aufräumen würden.

Diese Aussage spiegelt eine fundamentale Erkenntnis in der Pädagogik wider: Kinder sind außerordentlich aufmerksame Beobachter:innen, mit feinen Antennen. Ihr Lernprozess wird stark durch das Verhalten und die Handlungen der Erwachsenen um sie herum beeinflusst. Daher ist es für dich als (angehende) Fachkraft im Kindergarten von entscheidender Bedeutung, eine bewusste Vorbildfunktion einzunehmen. Dies bedeutet, sich stets seiner Handlungen, Worte und auch seiner nonverbalen Kommunikation bewusst zu sein.

Professionalität in der Arbeit mit Kindern meint somit weit mehr als die Betreuung und das Anbieten von Lerninhalten. Es geht darum, ein Umfeld zu schaffen, in dem Kinder positive soziale, emotionale und kognitive Fähigkeiten entwickeln können. Dazu gehört, dass du als (angehende) pädagogische Fachkraft authentisch, empathisch und geduldig bist. Kinder sind großartige Nachahmer:innen, und sie lernen am besten durch das, was sie in ihrer unmittelbaren Umgebung erleben und beobachten.

> „Kinder tun nicht das,
> was wir ihnen sagen,
> sondern das, was wir tun“
>
> JESPER JUUL

EXKURS

Lernen am Modell nach Albert Bandura

Das Lernen am Modell, auch bekannt als Beobachtungslernen oder soziales Lernen, ist ein Konzept, das von dem Psychologen Albert Bandura (vgl. Bodenmann et al. 2015, S. 228ff.) entwickelt wurde. Es beschreibt, wie Menschen durch die Beobachtung des Verhaltens anderer und der Konsequenzen dieses Verhaltens lernen, ohne selbst direkte Erfahrungen machen zu müssen. Wesentliche Elemente des Lernens am Modell sind:

Aufmerksamkeitsprozesse: Um von einem Modell zu lernen, muss der Beobachter/die Beobachterin dem Verhalten des Modells Aufmerksamkeit schenken.

Behaltensprozesse: Das beobachtete Verhalten muss im Gedächtnis gespeichert werden, um später reproduziert werden zu können.

Reproduktionsprozesse: Die Fähigkeit, das beobachtete Verhalten nachzuahmen, hängt von der Reproduktionsfähigkeit des Beobachters/der Beobachterin ab.

Motivationsprozesse: Die Entscheidung, das beobachtete Verhalten auszuführen, wird durch die erwarteten Konsequenzen, wie Belohnung oder Bestrafung, beeinflusst.

Bandura betont, dass Lernen nicht nur durch eigene Erfahrungen, sondern auch durch die Beobachtung des sozialen Umfelds erfolgt. Dieser Lernprozess spielt eine entscheidende Rolle in der Entwicklung von Verhaltensweisen, Einstellungen und emotionalen Reaktionen.

Ein wichtiger Aspekt ist auch die Art und Weise, wie du mit Herausforderungen und Konflikten umgehst. Kinder beobachten genau, wie du auf Probleme reagierst, und übernehmen oft ähnliche Strategien. Wenn du zum Beispiel in stressigen Situationen Ruhe und Verständnis zeigst, lernen die Kinder, dass dies effektive Wege sind, um mit eigenen Konflikten umzugehen.

Ein weiterer zentraler Punkt ist die Förderung der Selbstständigkeit. Kinder sollten ermutigt werden, Aufgaben selbst zu erledigen und eigene Entscheidungen zu treffen. Wenn du als (angehende) Fachkraft aktiv zeigst, wie man Probleme löst, wie man sich organisiert und wie man kreativ denkt, übernehmen die Kinder diese Fähigkeiten in ihr eigenes Handlungsrepertoire.

Das eigene Wertebewusstsein ist nicht nur für das Ergründen deines „Warums" wichtig (siehe Kapitel 2). Auch in der Funktion als Vorbild für die Kinder ist es von entscheidender Bedeutung. Deine Werte beeinflussen, wie du mit Kindern, Kolleg:innen und Familien interagierst. Damit prägst du das Klima, dein direktes Umfeld und die Beziehung zu allen Akteur:innen. Wenn du dir deiner eigenen Werte bewusst bist, kannst du diese gezielt durch dein Verhalten widerspiegeln und somit eine positive, werteorientierte Umgebung für die Kinder schaffen.

Deine Werte bestimmen auch, wie du auf Herausforderungen reagierst, wie du Konflikte löst und wie du Beziehungen pflegst. Kinder nehmen diese Werte wahr und integrieren sie in ihr eigenes Wertesystem. Ein klares Verständnis und eine authentische Umsetzung deiner Werte helfen dir, vorhersehbar und verlässlich in deinem Handeln zu sein. Dies bietet den Kindern eine klare Orientierung und ein stabiles Umfeld, in dem sie sich sicher und verstanden fühlen.

Durch das Vorleben von Werten wie Freundschaft, Empathie, Geduld und Offenheit förderst du die Entwicklung dieser Eigenschaften bei den Kindern. Dies trägt wesentlich zu ihrer sozialen und emotionalen Entwicklung bei und bereitet sie darauf vor, verantwortungsbewusste und empathische Mitglieder der Gesellschaft zu werden.

Jede Handlung, jedes Wort und jeder Ausdruck der Pädagog:innen in der Kita stellen eine Lerngelegenheit für die Kinder dar. Als (angehende) pädagogische Fachkraft bist du ein Modell für soziales Verhalten, emotionale Intelligenz, für kreative und kognitive Fähigkeiten. Indem du ein bewusstes und positives Vorbild bist, trägst du wesentlich zur Entwicklung und zum Wachstum der Kinder bei.

INFO

Du bist ein Vorbild für die Kinder

Die Vorbildrolle ist der Schlüssel zum Lernen: Kinder lernen primär durch Beobachtung und Nachahmung des Verhaltens um sie herum. Es ist daher essenziell, das du dir die eigene Vorbildfunktion bewusst machst und diese aktiv und positiv lebst.

Professionelles Verhalten geht über Betreuung hinaus: Die professionelle Arbeit mit Kindern in der Kita bedeutet mehr als Bildung, Betreuung und Erziehung. Sie umfasst die Gestaltung einer Umgebung, in der Kinder positive soziale, emotionale und kognitive Fähigkeiten entwickeln können, indem du ihnen gegenüber authentisch, empathisch und geduldig bist.

Eigenes Wertebewusstsein als Fundament der Vorbildfunktion: Ein klares Wertebewusstsein und die authentische Umsetzung eigener Werte sind entscheidend für deine Vorbildrolle. Sie beeinflussen, wie du mit den Kindern, Kolleg:innen und Eltern interagierst, und tragen zur Schaffung einer positiven, werteorientierten Umgebung bei.

3.2 DER GUTE GRUND

Hinter jedem Verhalten eines Kindes steht ein guter Grund, auch wenn er für Erwachsene nicht immer sofort ersichtlich ist. Es ist wichtig, diese Gründe zu verstehen, anstatt vorschnell zu urteilen und/oder zu disziplinieren. Die moderne Entwicklungspsychologie betont die Bedeutung des empathischen Einfühlens in Kinder und das Verständnis ihrer individuellen Bedürfnisse und Motive.
Als (angehende) pädagogische Fachkraft im Kita-Universum wirst du mit einer Vielzahl von Verhaltensweisen konfrontiert, die manchmal herausfordernd und zuerst unverständlich erscheinen können. Es ist jedoch wichtig, zu erkennen, dass jedes Verhalten eines Kindes in einem Kontext steht und oft eine Reaktion auf interne oder externe Umstände ist.

Das Prinzip des „Guten Grundes“ geht davon aus, dass Kinder, genau wie Erwachsene, aus bestimmten Gründen handeln. Diese Gründe können vielfältig sein – von physischen Bedürfnissen wie Hunger oder Müdigkeit bis hin zu emotionalen Bedürfnissen wie dem Wunsch nach Aufmerksamkeit, Anerkennung oder Sicherheit. Verhaltensweisen, die auf den ersten Blick als problematisch erscheinen, können tatsächlich Versuche des Kindes sein, auf seine Bedürfnisse aufmerksam zu machen und/oder diese zu erfüllen (vgl. nifbe 2023).

Die Herausforderung für dich besteht dann darin, diese Gründe zu erkennen und angemessen darauf zu reagieren. Dies erfordert ein hohes Maß an Empathie, Geduld und Verständnis. Statt sofort Reglementierungen anzuwenden, ist es in aller Regel besser und wirkungsvoller, das Kind zu beobachten, mit ihm zu kommunizieren und seine Perspektive zu verstehen. Die beste Strategie besteht darin, mit dem Kind in einen Dialog zu treten und offene Fragen zu stellen, die ihm helfen, über sein Verhalten und dessen Gründe nachzudenken. Dies kann das Kind nicht nur dabei unterstützen, sein eigenes Verhalten besser zu verstehen, sondern fördert auch seine sprachlichen und sozialen Fähigkeiten.

Darüber hinaus ist es wichtig, eine unterstützende und sichere Umgebung zu schaffen, in der Kinder ihre Gefühle ausdrücken können. Dazu gehört es, klare, aber flexible Grenzen zu setzen und eine positive, bestärkende Kommunikation zu pflegen. Kinder sollten ermutigt werden, ihre Gefühle und Gedanken zu äußern. Sie sollten wissen, dass sie gehört und ernst genommen werden.

In deiner Rolle als Fachkraft hast du die Möglichkeit, einen positiven Einfluss auf die Entwicklung und die Situation der Kinder zu nehmen. Durch das Verständnis und die Akzeptanz der Gründe, die hinter ihrem Verhalten stehen, kannst du sie dabei unterstützen, gesunde Bewältigungsstrategien zu entwickeln und ein starkes Selbstbewusstsein aufzubauen.

MERKE!

Das Prinzip des „Guten Grundes" ist ein zentraler Aspekt in der pädagogischen Arbeit mit Kindern. Es erfordert von dir als (angehende) Fachkraft ein tiefes Verständnis für die individuellen Bedürfnisse und Motive jedes Kindes sowie die Fähigkeit, empathisch und unterstützend auf diese einzugehen. Indem du diesem Prinzip folgst, kannst du eine positive und förderliche Lernumgebung für die Kinder schaffen und sie in ihrer Entwicklung unterstützen.

3.3 DIE EMOTIONALE KOMFORTZONE

Ein weiterer guter Grund für das Verhalten eines Kindes können Überforderung in einer Situation oder in einem Konflikt sein. Das Kind verlässt dadurch seine emotionale Komfortzone und ist nicht mehr in der Lage, rational zu Handeln. Kinder und auch alle Erwachsene haben vier Möglichkeiten zu reagieren, wenn sie ihre emotionale Komfortzone verlassen:

- Kampf (fight)
- Flucht (flight)
- Erstarren (freeze)
- Clownerie (fiddle about/flirt)

Die 4 F der velassenen Komfortzone

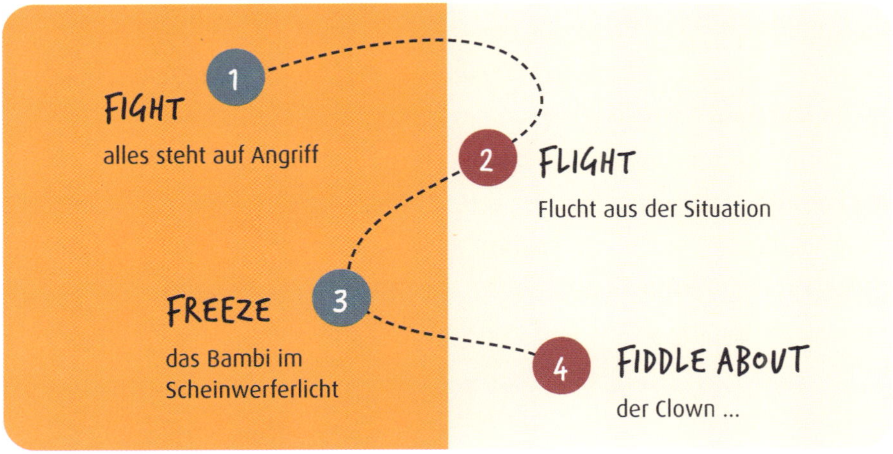

Die emotionale Komfortzone bei Kindern ist ein zentraler Aspekt in der pädagogischen Arbeit in Kindertagesstätten, insbesondere für alle Akteur:innen, die neu in diesem Bereich sind. Kinder reagieren auf verschiedene Weise, wenn sie ihre emotionale Komfortzone verlassen, und es ist wichtig, diese Reaktionen zu verstehen und angemessen darauf zu reagieren.

Kampf (fight): Wenn Kinder mit Kampf reagieren, zeigen sie möglicherweise ihre Wut bzw. Frustration durch körperliche oder verbale Aggressivität. In solchen Momenten ist es wichtig, Ruhe zu bewahren und dem Kind zu helfen, seine Gefühle auf eine konstruktive Weise auszudrücken. Das Setzen klarer Grenzen, gepaart mit empathischer Kommunikation, unterstützt das Kind dabei, alternative Wege zu finden, um mit seinen Emotionen umzugehen.

Flucht (flight): Ein Rückzugsverhalten kann auf Angst oder Überforderung hindeuten. Kinder, die flüchten, benötigen Zusicherung und Sicherheit. Ein langsamer und behutsamer Aufbau von Vertrauen sowie die Unterstützung bei der Bewältigung der Situation können dem Kind helfen, sich sicherer zu fühlen. Das Eingehen auf individuelle Bedürfnisse des Kindes spielt hier eine entscheidende Rolle.

Erstarren (freeze): Kinder, die „erstarren", wirken oft abwesend oder eingeschüchtert, in sich gekehrt. Sie können Schwierigkeiten haben, sich zu äußern. Eine sanfte, beruhigende Ansprache und physische Nähe, zum Beispiel durch eine Hand auf der Schulter, können dem Kind helfen, sich wieder zu öffnen. Es ist wichtig, dem Kind Zeit und Raum zu geben, seine Gedanken und Gefühle zu verarbeiten. Sollte das Kind nichts sagen wollen bzw. eine Antwort ablehnen, kannst du ihm anbieten, dass es jederzeit zu dir kommen kann, du einfach in seiner Nähe bleibst und etwas später nochmal nachfragen wirst, wie es ihm geht. Das zeigt dem Kind, dass du seine Situation wahrnimmst und achtest, aber auch weiterhin als Beziehungsperson zur Verfügung stehst und es nicht alleine lässt.

Clownerie (fiddle about/flirt): Diese Reaktion kann als Versuch des Kindes gesehen werden, die Spannung oder Überforderung durch alberndes Verhalten zu mildern. Eine einfühlsame Reaktion, die das dahinterliegende Bedürfnis nach Sicherheit oder Aufmerksamkeit anerkennt, ist hier hilfreich. Wahrscheinlich kommt bei dir zuerst das Gefühl auf, dass das Kind dich nicht ernst nimmt oder auslacht. Es versucht jedoch, mit seinem Lachen völlig unbewusst zu dir wieder eine positive Beziehung herzustellen. Es hat nämlich gelernt: Sein Lachen wird in aller Regel von seinem Gegenüber erwidert. Das Kind hofft so, der unangenehmen Situation zu entkommen und wieder in Beziehung zu dir zu treten. Dieses Verhalten lässt sich auch als eine Art der Entschuldigung betrachten.

MERKE!

Du musst wissen: **Ein Kind wird nie, absolut niemals eine Beziehung zu einem anderen Menschen aufs Spiel setzen.** Egal, wie das Verhalten des Kindes in der Situation auch aussehen mag.

In jeder dieser Situationen ist es von größter Bedeutung, dass du eine unterstützende, verständnisvolle und geduldige Haltung einnimmst. Das Ziel ist es, das Kind dabei zu unterstützen, seine eigenen Emotionen zu verstehen und mit diesen besser umgehen zu können. Durch verbales Spiegeln der Emotionen, die Schaffung einer sicheren und unterstützenden Umgebung trägst du maßgeblich zur emotionalen Entwicklung der Kinder bei.
Denk daran: Druck erzeugt immer Gegendruck! Dein Ziel sollte es also sein, den Druck aus dem Alltag und jeder nur erdenklichen Situation, soweit es möglich ist, für das Kind herauszunehmen.

INFO

Funktion der Amygdala

Die Amygdala, ein wichtiger Teil des Gehirns, spielt eine zentrale Rolle bei der **Verarbeitung von Emotionen.** Beim Verlassen der emotionalen Komfortzone ist sie besonders aktiv. Sie hilft dabei, emotionale Reaktionen wie Angst oder Stress zu **regulieren, und ist für die sogenannte „Kampf-oder-Flucht"-Reaktion** mitverantwortlich. Wenn Kinder ihre emotionale Komfortzone verlassen, kann eine überaktive Amygdala zu intensiven emotionalen Reaktionen führen. Rationales Denken und Handeln sind dann nicht mehr möglich (vgl. Prehn 2022, S. 47).

3.4 DIE RECHTE DER KINDER

Das Wissen um und der Respekt vor den Rechten der Kinder ist eine fundamentale Grundlage pädagogischer Arbeit. Die UN-Kinderrechtskonvention betont die Wichtigkeit der Meinungsäußerung von Kindern, ihres Rechts auf Bildung, Freizeit, Spiel und kulturelle Aktivitäten sowie den Schutz vor Gewalt. Ein respektvoller und rechteorientierter Umgang mit Kindern fördert nicht nur deren Entwicklung, sondern auch ihr Selbstwertgefühl (vgl. UNICEF 1989).

MERKE!

Kinder sind also nicht einfach nur Kinder.
Sie sind **Träger von Rechten,** so wie du und ich (vgl. Maywald 2021).

In der Praxis bedeutet dies, dass du eine Balance zwischen der Wahrung der Rechte aller und der Wahrung der Rechte eines jeden einzelnen Kindes finden darfst. Es geht darum, Kinder nicht nur als Objekte der Erziehung zu sehen, sondern als eigenständige Individuen mit eigenen Gedanken, Gefühlen und Rechten.

3.5 PARTIZIPATION – MEHR ALS NUR EIN RECHT

Ein zentrales Recht, das in der Arbeit im Kindergarten eine besondere Rolle spielt, ist das **Recht auf Partizipation.** Partizipation bedeutet, dass Kinder aktiv an **Entscheidungsprozessen,** die sie betreffen, beteiligt werden. Es steht ihnen gesetzlich also zu, in alle Angelegenheiten, die sie betreffen, altersentsprechend involviert zu werden. Sie sollen die Möglichkeit haben, ihre **Meinungen auszudrücken,** und sicher sein können, dass diese ernst genommen werden. Dieses Recht basiert auf der Überzeugung, dass Kinder **kompetente Individuen** sind, deren Perspektiven und Ideen wertvoll und wichtig sind.

In der Kita bedeutet Partizipation, Kindern Raum und Möglichkeiten zu geben, ihre **eigenen Ideen, Wünsche und Bedürfnisse zu äußern.** Dies kann in verschiedenen Formen geschehen, wie zum Beispiel durch regelmäßige Gesprächskreise, in denen Kinder ihre Gedanken und Gefühle teilen können, oder durch die Beteiligung an der Gestaltung des Tagesablaufs und der Auswahl von Aktivitäten.

Die Umsetzung von Partizipation in der Kindertagesstätte erfordert von dir und dem ganzen Team, die **Kinder als gleichberechtigte Partner:innen** in der Gestaltung ihres Alltags zu sehen und sie aktiv in Entscheidungsprozesse einzubeziehen. Und dies bedeutet auch, die Kinder dazu zu ermutigen, ihre eigenen Entscheidungen zu treffen und sie dabei zu unterstützen, die Konsequenzen dieser Entscheidungen zu verstehen. Partizipation bedeutet dagegen nicht, dass Kinder uneingeschränkte Entscheidungsfreiheit haben. Vielmehr geht es darum, einen Rahmen zu schaffen, innerhalb dessen sie sich frei äußern und an Entscheidungen beteiligt werden können, die ihrem Alter und Entwicklungsstand angemessen sind.

Durch das Ermöglichen von Partizipation in der Kita unterstützt du die Kinder dabei, **Selbstvertrauen und Selbstwirksamkeit** zu entwickeln, kritisch zu denken und soziale Kompetenzen zu erlernen. Außerdem trägst du dazu bei, dass Kinder ein Verständnis für demokratische Prozesse entwickeln und lernen, Verantwortung für sich selbst und ihre Gemeinschaft zu übernehmen.

Die Anerkennung und Umsetzung der Kinderrechte, insbesondere des Rechts auf Partizipation, sind eine wesentliche Grundlage für eine qualitativ hochwertige pädagogische Arbeit im Kindergarten. Sie ermöglichen es, Kinder als vollwertige Personen zu respektieren und sie in ihrer Entwicklung zu eigenständigen und selbstbewussten Individuen zu unterstützen. In der Praxis bedeutet dies für dich auch eine **kontinuierliche Selbstreflexion** und das ständige Bemühen, die Perspektive der Kinder einzunehmen und die Welt aus ihren Augen zu sehen.

REFLEXION

Reflexionsfragen zum Partizipationsbewusstsein im Alltag

- » Wann durftest du in deiner Kindheit partizipieren und wie hast du dich dabei gefühlt?
- » Wann wurden Entscheidungen über dich und deine Situation getroffen, bei denen du nicht mit einbezogen warst? Wie hast du dich damit gefühlt?
- » Was ist das Beste, das passieren kann, wenn die Kinder mit entscheiden können?
- » Wie könnten sich deine Empfindungen in Bezug auf Mitbestimmung ändern, wenn du aktiv in den Entscheidungsprozess einbezogen würdest?
- » Welche konkreten partizipativen Erlebnisse aus deiner Kindheit haben dir ein Gefühl von Selbstwirksamkeit vermittelt?
- » Gibt es Beispiele aus deiner Lebensgeschichte, wo du positive Veränderungen erlebt hast, als dir die Möglichkeit gegeben wurde, aktiv an Entscheidungen teilzunehmen?

EXKURS

Die neun Stufen der Partizipation

Die neun Stufen der Partizipation sind die verschiedenen Etappen, die uns zeigen, wie stark Kinder bei Entscheidungen involviert sein können. Stell dir vor, diese Etappen sind wie Treppenstufen, die uns helfen, die Mitbestimmung der Kinder zu verstehen.

Es ist dabei nicht notwendig, alle Stufen nacheinander zu durchlaufen. Das bedeutet, dass nicht jede Kita ganz von vorne, beim Stadium ohne Mitbestimmung, anfangen muss. Du und dein Team können auch direkt auf einer höheren Stufe starten.

Stufe: Instrumentalisierung

Auf dieser Stufe werden Entscheidungen ausschließlich von wenigen Einzelpersonen oder einer kleinen Gruppe Erwachsener getroffen, ohne dass die Kinder berücksichtigt werden. Die Kinder werden lediglich als Mittel zum Zweck betrachtet und haben keinen tatsächlichen Einfluss auf die Entscheidungsprozesse.

Stufe: Die Anweisung (ähnlich wie Stufe 1)

Auf dieser Stufe haben die Entscheidungsträger zwar Kenntnis von der Existenz der Kinder, aber deren eigentliche Bedürfnisse, Wünsche und Belange spielen keine Rolle. Die Entscheidungen werden von oben nach unten weitergegeben, ohne dass die Kinder selbst daran beteiligt sind. Es gibt keinerlei Mitspracherecht oder Möglichkeiten zur Mitgestaltung seitens der Kinder.

Stufe: Information

Die Kinder erfahren von Entscheidungen, haben aber keine direkte Einflussmöglichkeit. Die Auswahlmöglichkeiten werden von Entscheidungsträgern vorgegeben.

Stufe: Anhörung

Die Entscheidungsträger interessieren sich für die Bedürfnisse der Kinder, aber die endgültige Entscheidung liegt weiterhin bei ihnen. Die Wünsche der Kinder werden zwar gehört, aber nicht immer berücksichtigt.

Stufe: Einbeziehung

Die Mitbestimmung erfolgt durch eine Sprecherin bzw. einen Sprecher. Ein oder mehrere ausgewählte Vertreter:innen der Kinder werden angehört, aber die endgültige Entscheidung bleibt bei den Entscheidungsträgern.

Stufe: Mitbestimmung

Hier handelt es sich um einen Austausch auf Augenhöhe. Es findet ein ernsthafter Austausch zwischen Entscheidungsträgern und den Kindern statt. Die Kinder haben aktiv Einfluss auf den Entscheidungsprozess.

Stufe: Teilweise Übertragung von Entscheidungskompetenz

Die Kinder erhalten in bestimmten Teilbereichen volle Entscheidungskompetenz, während die Verantwortung weiterhin bei den Entscheidungsträgern liegt.

Stufe: Entscheidungsmacht

Hier handelt es sich um gleichberechtigte Entscheidungen. Die Kinder dürfen selbstbestimmt und gleichberechtigt Entscheidungen treffen, während die ehemaligen Entscheidungsträger unterstützend agieren.

Stufe: Selbstverwaltung

Die Kinder setzten Projekte eigenständig um und tragen alle Verantwortung. Diese Stufe geht über Partizipation hinaus und umfasst Selbstorganisation (vgl. Wright 2010).

MERKE!

Die niedrigste Stufe der Partizipation ist, die Kinder mindestens über das zu informieren, was als nächstes geschieht und was sie unmittelbar betrifft.

3.6 DIE SACHE MIT DEN GEFÜHLEN UND BEDÜRFNISSEN

Indem wir lernen, sowohl die Gefühle als auch die Bedürfnisse zu erkennen und zu würdigen, schaffen wir eine Grundlage für tiefere Verbindungen, effektivere Kommunikation und ein verständnisvolles Miteinander.

EXKURS

Bedürfnisorientierte Pädagogik

Bedürfnisorientierte Pädagogik ist generell eine Haltung in der Arbeit mit Menschen und zielt hier darauf ab, eine Lern- und Lebensumgebung zu schaffen, in der jedes Kind sich gemäß seiner Neugier, seines Entwicklungsstands und seiner persönlichen Vorlieben entwickeln kann. Dabei geht es nicht nur darum, den Kindern zu ermöglichen, das zu tun, was sie möchten und wann sie möchten, sondern sie für ihre eigenen Bedürfnisse und die Bedürfnisse anderer zu sensibilisieren. Dies beinhaltet auch, dass Kinder lernen, die eigenen Grenzen und die Grenzen anderer zu erkennen, zu respektieren und zu wahren.

Eine achtsame Kommunikation und die Wahrung der Rechte der Kinder stehen dabei im Vordergrund. Durch aktives Zuhören und Empathie baust du eine unterstützende und verständnisvolle Beziehung zu den Kindern auf. Dies fördert nicht nur ein Gefühl von Sicherheit und Vertrauen, sondern unterstützt auch die Selbstständigkeit, Selbstwirksamkeit und Selbstregulationskompetenzen der Kinder.

Bedürfnisorientierte Pädagogik bedeutet jedoch „nicht, lustorientiert oder wunschorientiert" (Fiebelkorn 2023, S. 9) zu begleiten. Es geht also nicht darum, dass Kinder jederzeit alles dürfen oder bekommen, was sie sich wünschen. Es geht vielmehr um einen Aushandlungsprozess, in dem die Kinder lernen, ihre eigenen Wünsche mit den Möglichkeiten und Grenzen ihrer Umgebung abzugleichen. Du und deine Kolleg:innen begleitet die Kinder dabei, ihre Bedürfnisse wahrzunehmen, zu artikulieren, zu verstehen und gleichzeitig die Bedürfnisse und Rechte anderer zu achten. So entwickeln die Kinder ein tiefes Verständnis für Gemeinschaft und lernen, Verantwortung für sich selbst und andere zu übernehmen.

Kurz gesagt: Bedürfnisorientierte Pädagogik schafft einen Rahmen, in dem die Entfaltung jedes Einzelnen im Einklang mit dem Wohl der Gemeinschaft steht. Sie lehrt Kinder, auf sich selbst und auf andere zu achten. Und sie bereitet die Kinder darauf vor, sich empathisch, verantwortungsbewusst und selbstbewusst im sozialen Kontext zu bewegen.

Die Kita ist ein Cocktail voller Emotionen und Bedürfnisse. Das, was wir auf den ersten Blick bei Kindern, Eltern oder Kolleg:innen und auch bei uns selbst wahrnehmen, ist oft nur die sogenannte Spitze des Eisbergs. Unter der Oberfläche verbergen sich Gefühle und Bedürfnisse, die das eigentliche Fundament unseres Handelns bilden. Diese tiefere Ebene zu erkennen und zu verstehen, ist entscheidend, um empathisch und wirkungsvoll zu agieren.

Warum ist es so wichtig, Gefühle und Bedürfnisse genau wahrzunehmen?

Empathie und Verständnis: Wenn du lernst, unter die Oberfläche zu schauen, kannst du besser verstehen, warum Kinder (und auch Erwachsene) so handeln, wie sie es tun. Dieses Verständnis ist der Schlüssel, um eine tiefe Verbindung aufzubauen und Empathie zu entwickeln (Reminder: Guter Grund).

Klare Kommunikation: Ein Bewusstsein für deine eigenen Gefühle sowie Bedürfnisse als auch die der Kinder ermöglicht es dir, klarer und authentischer zu kommunizieren. Das hilft, Missverständnisse zu vermeiden, Konflikte friedlich zu lösen und Kinder in ihren Emotionen gut zu begleiten.

Starke Beziehungen: Das Teilen und Verstehen von Gefühlen und Bedürfnissen kann deine Verbindung zu den Kindern, ihren Familien und deinen Kolleg:innen stärken und vertiefen.

Persönliches Wachstum: Die Auseinandersetzung mit deinen eigenen Gefühlen und Bedürfnissen fördert die Selbstreflexion und hilft dir, bewusste Entscheidungen zu treffen, die dein Leben und das Leben der Kinder bereichern.

Konfliktlösung: Viele Konflikte entstehen aus unerkannten oder unerfüllten Bedürfnissen. Wenn du diese identifizierst und anerkennst, kannst du Konflikte konstruktiv angehen.

20 Beispiele für Gefühle:

Freude

Traurigkeit

Angst

Wut

Liebe

Überraschung

Eifersucht

Scham

STOLZ

Dankbarkeit

Enttäuschung

Hoffnung

Erleichterung

Einsamkeit

Begeisterung

GELASSENHEIT

Neid

Verzweiflung

Zufriedenheit

Unruhe

20 Beispiele für Bedürfnisse:

Sicherheit

Zugehörigkeit

Anerkennung

Autonomie

Körperliche Nähe

Ruhe und Erholung

Freiheit

Spiel und Vergnügen

Verständnis

GESUNDHEIT

Kreativer Ausdruck

Liebe

Lernen und Wachstum

Unterstützung

Respekt

Gemeinschaft

Gemeinschaft

EHRLICHKEIT

Gerechtigkeit

Frieden

Sinn und Zweck

Kapitel 4

Kinderschutz – Du bist Anwalt bzw. Anwältin der Kinder

> „Kindheiten sind nie von Dauer. Aber jeder hat sie verdient."
>
> WENDY DALE

Neben dem Recht auf Partizipation, Teilhabe und Bildung haben die Kinder vor allem ein **Recht auf körperliche, psychische und seelische Unversehrtheit**. Das ist das wichtigste und kostbarste Recht der Kinder, das es zu schützen gilt, schließlich haben Kinder nur diese eine Kindheit. Als sogenannter Anwalt bzw. Anwältin der dir anvertrauten Kinder übernimmst du eine zentrale Rolle in ihrem Leben. Deine Aufgabe geht über die Betreuung und Bildung hinaus; du bist auch ein **entscheidender Akteur bzw. eine Akteurin im Kinderschutz.** Dabei ist es völlig egal, wo du dich gerade auf deiner beruflichen Reise befindest. Es ist von höchster Wichtigkeit, dass du den Schutz des Kindes in den Mittelpunkt deiner Arbeit stellst.

Was genau bedeutet es, Anwalt bzw. Anwältin der Kinder zu sein? Wie du weißt, sind Kinder Träger von (eigenen) Rechten (siehe Kapitel 3.4). Das Besondere daran ist jedoch, dass die Kinder diese Tatsache nicht wissen, zum Teil ist sie auch ihren Familien nicht bekannt. Als Anwalt bzw. Anwältin der

Kinder musst du diese Rechte nicht nur selber kennen, sondern auch die **Kinder darüber informieren, dass sie Rechte haben.** Darüber hinaus geht es darum, diese Rechte zu achten, zu wahren und sich dafür einzusetzen, dass diese auch nicht durch Dritte gefährdet werden. Der **Schutz der Kinder vor Gewalterfahrungen, Übergriffen und adultistischem Verhalten** (siehe Kapitel 4.1) jeglicher Art ist oberstes Gebot. Es liegt mit in deiner Verantwortung, den Kindern eine sichere und förderliche Umgebung zu bieten. Dazu gehört es, **Risiken zu erkennen, präventiv zu handeln und bei Verdachtsfällen sofort einzugreifen.**

4.1 INSTITUTIONELLER KINDERSCHUTZ

Institutionelle Gewalt gegen Kinder in der Kita ist ein ernstes Thema, das besondere Aufmerksamkeit erfordert, insbesondere von Personen, die neu in diesem Umfeld arbeiten. Die Kita muss ein sicherer Ort für Kinder sein und bleiben. Du bist mit deiner inneren Haltung mit dafür verantwortlich. Jede pädagogische Fachkraft braucht einen **Blick für ein kindgerechtes Umfeld** – einen Blick auf sich selbst und auf die Kolleg:innen im Umgang mit den Kindern. Deshalb ist es wichtig, die verschiedenen Formen institutioneller Gewalt zu erkennen und zu verstehen.
Im Folgenden werden einige zentrale Formen **institutioneller Gewalt gegen Kinder** aufgelistet, auf die du achten solltest (vgl. Maywald 2022, S. 40ff.):

INFO

Beschämung und Entwürdigung: Kinder werden für ihr Verhalten, ihre Leistungen oder Eigenschaften öffentlich bloßgestellt oder kritisiert. Dies kann das Selbstwertgefühl und die Selbstachtung der Kinder erheblich schädigen.

Anschreien: Lautstarkes und aggressives Zurechtweisen von Kindern kann Angst und Stress auslösen und ein Klima der Einschüchterung schaffen.

Ständiges Vergleichen mit anderen Kindern: Kinder kontinuierlich miteinander zu vergleichen kann zu einem Gefühl der Minderwertigkeit und zu Konkurrenzdenken führen.

Bevorzugung von Lieblingskindern: Das Bevorzugen bestimmter Kinder kann Ungleichheit fördern und bei den anderen Kindern zu Gefühlen der Zurückweisung und des Ausgeschlossenseins führen.

Diskriminierung: Jegliche Form der Benachteiligung oder des Ausschlusses von Kindern aufgrund von Geschlecht, äußeren Merkmalen, Alter, Familienformen, Familienkulturen, oder anderen Merkmalen ist eine ernsthafte Form der Gewalt (siehe auch Exkurs zu Adultismus auf S. 54).

Zwang zum oder Verweigerung von Essen: Kinder zum Essen zu zwingen oder ihnen Nahrung zu verweigern sind Strafpraktiken, die sowohl physisch als auch psychisch schädlich sind.

Zwang zu Schlaf und Ruhe oder deren Verweigerung: Die Missachtung der individuellen Schlaf- und Ruhebedürfnisse der Kinder kann deren Gesundheit und Entwicklung stark beeinträchtigen.

Nötigung zum Toilettengang: Kinder zu zwingen, auf die Toilette zu gehen, oder sie bei Toilettengängen zu beschämen, greift gewaltvoll in ihre Privatsphäre und Autonomie ein.

Zerren und Schubsen von Kindern: Körperliche Aggressionen wie Zerren oder Schubsen sind eindeutige Übergriffe und können Kinder verletzen und traumatisieren.

Körperliche Bestrafungen: Jede Form der körperlichen Züchtigung ist in Kitas absolut unzulässig und kann schwerwiegende physische und psychische Schäden verursachen.

Fixieren: Das Festhalten oder Fixieren eines Kindes gegen seinen Willen ist eine schwerwiegende Verletzung seiner körperlichen Autonomie.

Vernachlässigung der Aufsichtspflicht: Das Nichtbeachten der Aufsichtspflicht kann Kinder gefährlichen Situationen aussetzen und ihre Sicherheit gefährden.

Ungenügende Nähe-Distanz-Regulation durch Fachkräfte: Ein unangemessener Grad an körperlicher Nähe oder Distanz kann die Grenzen der Kinder verletzen und zu einem unsicheren Umfeld führen.

Ignorieren von Übergriffen unter Kindern: Das Nichteingreifen bei Konflikten oder Übergriffen zwischen Kindern kann zu einem Klima der Unsicherheit und des Misstrauens beitragen.

Sexualisiertes übergriffiges Verhalten: Damit sind Handlungen gemeint, die die sexuellen Grenzen einer Person überschreiten. In der Kita kann dies unter anderem folgende Verhaltensweisen umfassen: unangemessene Kommentare oder Witze mit sexuellem Inhalt; unangebrachte körperliche Berührungen, die nicht notwendigerweise direkten sexuellen Missbrauch darstellen, aber dennoch die Intimitätsgrenzen des Kindes verletzen; das Zeigen von sexuellen Materialien oder das Sprechen über sexuelle Themen in einer Weise, die nicht altersgerecht oder pädagogisch gerechtfertigt ist.

Sexueller Missbrauch: Hier handelt es sich um eine Form der sexuellen Gewalt. Darunter fallen zum Beispiel jegliche Form des sexuellen Kontakts mit einem Kind, einschließlich Berührung und Penetration; Kinder zur Durchführung sexueller Handlungen bei sich selbst oder anderen zu zwingen; Kinder zur Betrachtung oder zur Produktion von pornografischem Material zu zwingen oder zu manipulieren. Jede Form von sexuellem Missbrauch ist auch immer ein Machtmissbrauch. Der Mächtige handelt egoistisch ohne Rücksicht auf Folgen.

Für dich ist es wichtig, alle Formen der Gewalt ernst zu nehmen und bei Anzeichen sofort zu handeln. Prävention, Sensibilisierung und ein **klares Verständnis von Grenzen** sind entscheidend, um ein sicheres Umfeld für

Kinder zu schaffen. Die Fähigkeit, Formen der Gewalt zu erkennen und darauf zu reagieren, ist ein wesentlicher Bestandteil deiner Rolle im Hinblick auf Schutz und die Förderung des Wohlergehens der Kinder.

EXKURS

Adultismus

Die Diskriminierung von Kindern allein aufgrund ihres geringeren Lebensalters ist eine Form von seelischer Gewalt. Adultismus manifestiert sich in der Missachtung der Meinungen und Bedürfnisse von Kindern und in einer Machtausübung, die die Autonomie und die Rechte der Kinder ignoriert.

Zu den Erkennungszeichen von Adultismus gehören:

Übergehen der Kindermeinungen: Die Meinungen und Wünsche der Kinder werden regelmäßig ignoriert oder als unwichtig abgetan.

Autoritäre Entscheidungen: Entscheidungen, die das Leben der Kinder betreffen, werden ohne ihre Beteiligung oder Zustimmung getroffen.

Mangelnde Berücksichtigung individueller Bedürfnisse: Einheitslösungen werden favorisiert, ohne auf die individuellen Bedürfnisse oder Fähigkeiten der Kinder einzugehen.

Herablassende Kommunikation: Kinder werden in einer herablassenden oder abwertenden Weise angesprochen.

Fehlende Wahlmöglichkeiten und Kontrolle: Kinder haben wenig bis keine Möglichkeit, ihre Aktivitäten oder ihren Tagesablauf selbst mitzugestalten oder Entscheidungen zu treffen.

Übergriffiges Verhalten: Sowohl körperliche als auch psychische Übergriffe, wie Anschreien, Isolation, Ausschluss von Aktivitäten etc., gegenüber den Kindern sind ein wesentliches und offensichtliches Anzeichen.

4.2 KINDER VOR ÜBERGRIFFEN SCHÜTZEN UND STÄRKEN

Einen hundertprozentigen Schutz vor Gewalt und Machtmissbrauch gibt es nicht. Jedoch werden meist Kinder zu Opfern, die wenig Selbstbewusstsein entwickeln konnten. Es ist selten der „weiße Lieferwagen", aus dem eine Hand auftaucht und das Kind hineinzerrt. Die Täter sind häufiger im sozialen Netzwerk des Kindes zu finden.

Kinder brauchen ein starkes Selbstwertgefühl und viel Selbstbewusstsein. Das gelingt kaum durch eine strenge Erziehung. Kinder müssen ihre eigene Meinung vertreten können und sich selbst gut kennen. Sie müssen also ihren eigenen Körper schützen wollen. Prävention gelingt im achtsamen Umgang mit den Kindern, durch die Stärkung des Kindes selbst:

„Das kannst du schon alles!" Kinder bekommen zu oft mitgeteilt, was sie (noch) nicht so gut können. Das verletzt ihr Selbstwertgefühl. Das Kita-Team kann alltagsintegrierte Projektwochen über „Meine Stärken" gestalten. Die Teilnahme muss aber immer freiwillig sein und darf nicht aufgezwungen werden. Oft entstehen solche Projekte aus dem Kita-Alltag.

„Wir lernen unseren Körper genau kennen!" „Ich habe eine Nase, zwei Augen, zwei Ohren, eine Brust, einen Bauch ... und einen Penis oder eine Vulva." Bitte was?! Na klar – jedes Körperteil hat einen Namen. Wieso also nicht alle richtig benennen? Wir nennen die Nase ja auch nicht „Riechgedings", sondern eben Nase. Kinder müssen ihren Körper kennen; alle Körperteile und auch gerade diese, die historisch eher verniedlicht wurden, sollten richtig benannt werden. Wir schaffen eine offene Sprache für eine selbstbewusste kindliche Entwicklung.

„Hilfe holen ist kein Petzen!" Die Kinder brauchen stets das Gefühl, mit allen Sorgen und Ängsten zu dir oder anderen Beziehungsmenschen in der Kita kommen zu können. Sorgen sich Kinder darum, dass andere Kinder die Regeln nicht einhalten könnten, geben sie gerne Mal Bescheid. Erwachsene neigen dann oft dazu, das Kind als Petze zu bezeichnen. Vermutlich, weil sie selbst einmal so genannt wurden. Wenn Kinder das Gefühl bekommen, dass sie falsch gehandelt haben, weil sie trotz bester Absicht mit einer Bezeichnung wie „Petze" abgewiesen wurden, dann kann es passieren, dass sich das Kind auch mit anderen Sorgen und schlechten Gefühlen nicht mehr traut, Unterstützung einzufordern. Sich Hilfe zu holen ist nie schwach, es ist stark!

„Das sind meine Gefühle und das sind deine Gefühle!" Hast du schon alle Bilderbücher zum Thema „Gefühle" in deiner neuen Kita entdeckt? Setze dich einfach mal mit einem Gefühlsbuch zu den Kindern und blättere darin herum. Welche Gefühle werden hier thematisiert? Achte auf die Reaktionen der Kinder und mache Gefühlsausdrücke mimisch nach. Wie wird das Thema „Gefühle" in deiner Kita thematisiert? Zu einer gut begleiteten Autonomieentwicklung gehört es zwingend, dass die Kinder ihre Gefühle benennen können. Auf diese Weise können die Kinder Frustrationstoleranz erwerben und ihre Gefühle regulieren. Auch Empathie wird durch das Prinzip „Lernen am Modell" erworben und gefestigt. Neben der gezielten Gefühlswahrnehmung durch die alltagsintegrierten Angebote sind Gefühle überall in der Kita ständig präsent. Sie müssen nur wahrgenommen, benannt und sortiert werden. Fällt ein Kind zum Beispiel hin, dürfen aus unserer Sicht nie wieder Sätze fallen wie „Steh wieder auf, das hat dir nicht wehgetan!" oder gar: „Jungs weinen nicht!" Kinder glauben dann nämlich: „Ich darf das Gefühl nicht haben." Das Unterdrücken der Gefühle schwächt die Ich-Kompetenzen.

All diese **Unterstützungsangebote** verhelfen dem Kind zur Entwicklung einer selbstbewussten und meinungsstarken Persönlichkeit. Kinder, die für sich einstehen und ihre Meinung vertreten, ihre Gefühle und Körperteile benennen können, sind nicht manipulativ und somit besser geschützt vor Übergriffen.

Viele Kitas arbeiten mit Gefühlskarten, wie den Gefühlsfröschen (siehe Seite 140), oder einer Gefühlsuhr, die die Kinder selber nutzen können, um in die Selbstwahrnehmung zu kommen. Und, wie geht es eigentlich dir selbst gerade?

4.3 AKTIVES EINTRETEN FÜR DAS KINDESWOHL

Als Partner:in der Kinder bist du oft die erste Anlaufstelle für ihre Sorgen und Probleme. Die Kinder vertrauen dir und werden sich dir gegenüber öffnen. Es ist wichtig, dass du dieses **Vertrauen ernst nimmst** und aktiv für das Wohl der Kinder eintrittst. Wenn ein Kind den Mut fasst und sich dir gegenüber öffnet, ist es wichtig, aufmerksam und empathisch zuzuhören:
Aussagen ernst nehmen: Höre den Kindern aufmerksam zu und nimm ihre Sorgen ernst. Bagatellisiere oder werte ihre Aussagen nicht ab. Bedanke dich dafür, dass sich das Kind dir gegenüber öffnet und frag es gerne, ob es dir mehr darüber erzählen möchte. Wichtig hierbei: Suggestive Fragen und das Ausfragen der Kinder sollte vermieden werden. Du bist weder Detektiv noch die Polizei. Das Kind braucht von dir das Gefühl von Sicherheit und Geborgenheit.

Ermutigung und Stärkung: Stärke die Kinder in ihrem Selbstbewusstsein und ihrem Recht, „Nein" zu sagen! Dies ist ein wichtiger Bestandteil präventiver Arbeit. Betone, dass niemand, absolut niemand das Recht hat, ihnen wehzutun. Weder die Eltern, ihre Freunde oder Erzieher:innen noch sonst irgendwer.

Dokumentation und Kommunikation: Dokumentiere die Aussagen der Kinder und die ganze Situation so genau wie möglich.
Geheimnisträger: Werde nicht zum Geheimnisträger solcher Informationen. Es kann vorkommen, dass Kinder sich von dir wünschen, dass du es niemandem weitererzählst. Mach an dieser Stelle keine Versprechungen, die du nicht halten kannst. Kinder brauchen außerdem das Verständnis dafür, was gute und schlechte Geheimnisse sind. Ein Geschenk für die Mama macht ein vorfreudiges Kribbeln im Bauch und gehört zu einem guten Geheimnis. Schlechte Geheimnisse kribbeln nicht freudig, sie machen eher Bauchschmerzen und traurig. Wie ein Stein im Bauch. Du kannst helfen, das Bauchgrummeln zu heilen.

Informiere die Leitung: Es ist wichtig, dass ein Macht- oder sexualisierter Missbrauch schnell unterbrochen wird und die Leitung weitere Schritte in die Wege leiten kann.

4.4 WENN KOLLEG:INNEN ÜBERGRIFFIG WERDEN

Wenn du als (angehende) pädagogische Fachkraft im Alltag mitbekommst, dass ein Kollege bzw. eine Kollegin gegenüber einem Kind übergriffig wird, ist es entscheidend, schnell und überlegt zu handeln. Dieser Schritt ist, je nachdem, wo du dich gerade auf deiner Reise befindest, wohl der schwierigste. Er erfordert Mut, Zivilcourage und Engagement.

INFO

Drei-Schritte-Plan bei verletzendem Verhalten

Damit es dir leichter fällt, mit solchen Situationen umzugehen, bekommst du einen detaillierten Drei-Schritte-Plan, wie du vorgehen kannst:

Schritt 1: Sofortiges Eingreifen und Sicherheit des Kindes gewährleisten

Eingreifen: Wenn möglich, greife sofort ein, um das Kind zu schützen. Dein Eingriff sollte ruhig, aber bestimmt ablaufen. Ziel ist es, die Situation zu deeskalieren und weitere Übergriffe zu verhindern.

Klare Aussagen: „Ich übernehmen hier!“ – „Stopp! Das darfst du nicht!“ oder „Ich sehe, die Situation ist gerade schwierig auszuhalten für dich. Ich übernehme gerne.“ Das Kind lernt dadurch aktiv, dass es Menschen gibt, die sich für es selbst und sein Wohlbefinden einsetzen.

Kind schützen: Animiere die/den Kolleg:in dazu, den Raum zu verlassen. Sollte dies keinen Erfolg haben, entferne dich mit dem Kind. Das kann bedeuten, das Kind räumlich von der betreffenden Fachkraft zu trennen und zu einem sicheren Ort innerhalb der Kita zu bringen, zum Beispiel ins Leitungsbüro. Wichtig ist, dass immer eine Person beim Kind ist.

Beruhigung und Unterstützung: Sprich beruhigend mit dem Kind und zeige ihm, dass es jetzt in Sicherheit ist. Es ist wichtig, ihm zu vermitteln, dass es nichts falsch gemacht hat und es richtig war, die Situation zu verlassen.

Schritt 2: Situation dokumentieren und melden

Dokumentation: Halte den Vorfall so detailliert wie möglich fest. Notiere Datum, Uhrzeit, beteiligte Personen, was genau passiert ist und alle weiteren relevanten Informationen.

Meldung an die Leitung: Melde den Vorfall umgehend der Kita-Leitung. Es ist wichtig, dass die Leitung informiert ist, um geeignete Maßnahmen zu ergreifen.

Vertraulichkeit wahren: Achte darauf, die Informationen vertraulich zu behandeln und nur mit den zuständigen Personen zu teilen.

Schritt 3: Unterstützen und begleiten

Unterstützung für das Kind: Stelle sicher, dass das Kind die notwendige Unterstützung erhält, zum Beispiel durch Gespräche mit einer Vertrauensperson.

Kooperation mit Behörden: Unterstütze die Zusammenarbeit mit den zuständigen Behörden, falls der Vorfall weitergeleitet wird. Zu den zuständigen Stellen können zum Beispiel das Jugendamt, die Polizei oder andere relevante Institutionen gehören.

Reflexion und Prävention: Arbeite mit der Kita-Leitung und dem Team zusammen, um zu reflektieren, wie solche Vorfälle in Zukunft verhindert werden können. Dies kann eine Team-Fortbildung zum Thema Kinderschutz und die Überarbeitung interner Richtlinien umfassen. Ein Kinderschutzkonzept sollte stets im Blick behalten werden. Denn die Kinderschutz-Konzeption ist Teamsache. Dafür reicht kein einzelner Tag. Nur durch ein gelebtes positives Wir entsteht ein sicherer Ort für die uns anvertrauten Kinder.

Wichtig zu beachten

Schnelles Handeln: In solchen Situationen ist schnelles Handeln entscheidend, um das Wohl des Kindes zu schützen.

Richtlinien der Einrichtung: Beachte immer die spezifischen Richtlinien deiner Einrichtung zum Umgang mit solchen Vorfällen. Das Schutzkonzept der Kita hilft dir bei der Orientierung.

Selbstfürsorge: Erlebnisse dieser Art können auch für dich als Zeuge bzw. Zeugin belastend sein. Sorge daher auch für deine eigene psychische Gesundheit und suche bei Bedarf Unterstützung. Äußere diesen Bedarf aktiv. Wir sind alle Menschen und können gewisse Dinge einfach nicht alleine verarbeiten.

4.5 MUT UND ENTSCHLOSSENHEIT

Der Schutz von Kindern erfordert Mut, Entschlossenheit und ein hohes Maß an Verantwortungsbewusstsein. Es kann herausfordernd sein, doch die Sicherheit und das Wohlergehen der Kinder müssen immer an erster Stelle stehen. Sei dir bewusst, dass deine Handlungen einen tiefgreifenden Einfluss auf das Leben der Kinder haben können.

Denke immer daran: Als Akteur:in in der Kita bist du ein wesentlicher Bestandteil des Lebens der Kinder. Du hast die Fähigkeit und die Pflicht, ihre Sicherheit und ihr Wohlergehen zu gewährleisten. Deine Rolle als Anwalt bzw. Anwältin der Kinder ist von unschätzbarem Wert. Lass dich durch Herausforderungen nicht entmutigen, sondern betrachte sie als Chance, dich für die Rechte und das Wohlbefinden der Kinder einzusetzen.

Kapitel 5

Integration und Inklusion

Vielfalt ist das Wort, das das Universum Kita am besten beschreiben kann. Du begegnest dem Begriff, der sowohl eine Herausforderung als auch eine Bereicherung darstellt: Inklusion. Dieser Begriff geht weit über die reine Teilhabe und Eingliederung von Menschen mit Behinderungen hinaus. Er umfasst auch die barrierefreie Integration von Kindern und Familien aus anderen Herkunftsländern, Kulturen oder Ethnien. Aber was bedeutet Inklusion wirklich für uns und wie können wir sie im Kita-Alltag leben?

> „Inklusion bedeutet: Alle sind gleich und alle sind verscheiden, keiner wird ausgeschlossen."
> INES BOBAN & ANDREAS HINZ

5.1 WIE EIN „ALLE-MITTENDRIN“ UND EIN MITEINANDER GELINGEN KANN

Jeder Mensch hat das Recht darauf, teilzuhaben und dabei zu sein. In der UN-Behindertenrechtskonvention ist das Recht auf Inklusion verankert. Die UN-Behindertenrechtskonvention ist ein Vertrag, den viele Länder unterschrieben haben. Auch Deutschland.

Gleichheit – Gerechtigkeit – Inklusion

Gleichbehandlung
Jede:r bekommt unabhängig von seinen/ihren Bedürfnissen die gleiche Unterstützung (sogenanntes Gießkannenprinzip).

Gerechtigkeit
Jede:r bekommt die Unterstützung, die er/sie braucht, um gleichberechtigt teilnehmen zu können.

Inklusion
Die Rahmenbedingungen werden so angepasst, dass jede:r ohne fremde Unterstützung gleichberechtigt teilnehmen kann.

INFO

Integration vs. Inklusion

Ziel von **Integration** ist es, alle Menschen, die dauerhaft und rechtmäßig in unserem Land leben, in die Gesellschaft einzubeziehen. Dabei betrifft Integration uns alle – Alteingesessene ebenso wie Zugewanderte (vgl. BAMF 2024).
Im Kindergarten bezeichnet Integration das Einbeziehen von Kindern mit unterschiedlichen Voraussetzungen in eine Gruppe, wobei die Unterschiede anerkannt und besondere Unterstützungsmaßnahmen bereitgestellt werden können. Inklusion hingegen zielt auf die uneingeschränkte Teilhabe aller Kinder an allen Angeboten des Kindergartens ab, unabhängig von ihren individuellen Fähigkeiten oder Bedürfnissen. Während Integration oft spezielle Gruppen oder Programme für Kinder mit besonderen Bedürfnissen umfasst, fördert Inklusion eine gemeinsame Begleitung aller Kinder in derselben Gruppe.

> „Der Weg der Inklusion beginnt beim Nachdenken über den eigenen Standpunkt."
>
> CARMEN DORRANCE & CLEMENS DANNENBECK

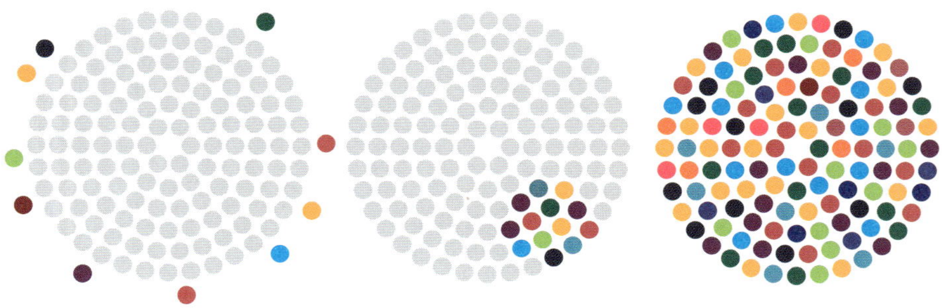

Exklusion — Integration — Inklusion

5.2 VORURTEILSBEWUSSTSEIN ALS KOMPASS FÜR INKLUSION

Vorurteile sind oft die größten Hürden auf dem Weg zu einer wahrhaft inklusiven Gesellschaft. Sie basieren auf der eigenen Sozialisation, Unwissenheit oder Angst vor dem Unbekannten. Der Anti-Bias-Ansatz bietet hier einen Weg, Vorurteilen entgegenzuwirken und eine inklusive Haltung zu fördern.

INFO

Die vier Säulen des Anti-Bias-Ansatzes

1. **Bewusstsein für Vorurteile und Diskriminierung schaffen:** Erkenne, dass wir alle Vorurteile haben und arbeite aktiv daran, diese zu hinterfragen und abzubauen.
2. **Verschiedenheit wertschätzen:** Lerne, Unterschiede als Bereicherung zu sehen und nicht als Bedrohung.
3. **Gegen Diskriminierung vorgehen:** Setze dich aktiv für ein Umfeld ein, in dem Diskriminierung keinen Platz hat.
4. **Jeden Menschen als Individuum sehen:** Erkenne, dass jeder Mensch einzigartig ist und vermeide es, Menschen in Schubladen zu stecken.

5 Schritte, wie du dich persönlich auf den Weg zu einer inklusiven Haltung begeben kannst:

1. **Informiere dich und erweitere deinen Horizont:** Nutze Fortbildungen, Bücher und andere Ressourcen, um dein Wissen über Inklusion zu vertiefen.
2. **Beobachte dein Umfeld:** Achte auf Barrieren in deiner Umgebung, die Teilhabe erschweren, und überlege, wie diese abgebaut werden können.
3. **Gehe ins Gespräch:** Teile dein Wissen und deine Erfahrungen mit anderen, um das Bewusstsein für Inklusion zu schärfen.
4. **Perspektivwechsel:** Versetze dich in die Lage anderer und versuche zu verstehen, wie Inklusion aus ihrer Sicht gelingen kann.
5. **Bleibe dran:** Inklusion ist ein Prozess. Bleibe offen für Feedback und suche stets nach Wegen, wie Inklusion besser gelingen kann.

Abschließend fünf Reflexionsfragen, die dir helfen sollen, eine positive Haltung und ein Bewusstsein für Inklusion zu entwickeln:

REFLEXION

Reflexionsfragen für dein Inklusionsverständnis

» Welche Vorurteile habe ich vielleicht unbewusst gegenüber Menschen, die anders sind als ich?
» Wie kann ich im Alltag Barrieren abbauen, um Inklusion zu fördern?
» Auf welche Weise kann ich mein Wissen über Inklusion erweitern und mit anderen teilen?
» Welche Schritte kann ich unternehmen, um meine Kita oder mein Umfeld inklusiver zu gestalten?
» Wie kann ich Kindern die Werte von Inklusion und Vielfalt vermitteln und vorleben?

Inklusion zu leben, ist eine Bereicherung für uns alle. Sie eröffnet uns die Chance, eine Gesellschaft zu gestalten, in der jeder Mensch wertgeschätzt wird und in der Vielfalt als Stärke gesehen wird. Lassen wir uns auf diesen spannenden Weg ein – für uns selbst und für die Kinder, die unsere Zukunft gestalten werden.

Kapitel 6

Eltern & Familien – Deine mächtigsten Verbündeten

Als (angehende) pädagogische Fachkraft befindest du dich auf einer spannenden Reise, auf der die Zusammenarbeit mit den Eltern und den Familien der Kinder eine zentrale Rolle spielt. Deshalb ist es wichtig, Eltern nicht als Störfaktor, sondern als mächtige Verbündete bei deiner Arbeit mit den Kindern zu betrachten. Die Erkenntnis, dass die Familien die wahren Expert:innen für ihre Kinder sind, bildet den Ausgangspunkt für eine positive und beziehungsorientierte Zusammenarbeit.

6.1 ELTERN UND FAMILIEN ALS EXPERT:INNEN IHRER KINDER

Kinder besuchen nur für einen begrenzten Zeitraum am Tag – in aller Regel fünf bis acht Stunden – die Kita; manchmal sogar nur an wenigen Tagen in der Woche. Die meiste Zeit verbringen sie immer noch mit ihren Familien, die somit die wahren Expert:innen für ihre Kinder sind. Dieser Sachverhalt mag bekannt sein, aber es geht hier darum, das „pädagogische Podest" zu verlassen und den Familien auf Augenhöhe zu begegnen.
Frag die Familien nach ihrer Perspektive, nach ihren Ideen und ihrem Rat. Statt einer einseitigen Kommunikation ist das Ziel ein Dialog, der auf Partnerschaft basiert – eine gleichberechtigte und vertrauensvolle Beziehung zwischen dir und den Familien. Diese Art der Beziehung ist von unschätz-

barem Wert. Verinnerliche die Idee, dass Eltern Partner:innen im Bildungsprozess ihrer Kinder sind. Sie sind der sichere Hafen, in dem sich die Kinder geborgen und verstanden fühlen können. Die Einblicke und Kenntnisse der Familien sind unersetzlich und können deine pädagogische Arbeit bereichern.

Prävention ist besser als Reaktion

Eine effektive Möglichkeit, eine positive und vorausschauende Zusammenarbeit mit den Eltern zu pflegen, ist die Integration von Themen-Elternabenden. Nutze diesen Raum, um klassische Themen wie zum Beispiel „Beißen in der Krippe" zu behandeln. Lade Expert:innen aus der Elternschaft ein, die möglicherweise besondere Kenntnisse in diesen Bereichen haben. Dies schafft nicht nur eine entspannte Atmosphäre, sondern ermöglicht auch den Austausch von Erfahrungen und Ideen.
Die Erfahrung zeigt, dass eine frühzeitige Einbindung der Familien in potenzielle Themen und Herausforderungen in der Kita dazu beiträgt, zukünftige mögliche Konflikte entspannter zu lösen. Der präventive Ansatz fördert nicht nur ein besseres Verständnis zwischen dir und den Familien, sondern stärkt auch die Zusammenarbeit im Sinne des Wohls der Kinder.

Du hast nichts zu verstecken

Transparenz ist der Schlüssel zu einer vertrauensvollen Beziehung mit den Familien. Lade sie zu Hospitationen, Ausflügen, Lesetagen und anderen Veranstaltungen ein. Berichte transparent über die täglichen Erlebnisse der Kinder und dokumentiere diese sorgfältig. Sei ehrlich, gerade wenn Fehler passiert sind. Eine offene Kommunikation auch über Schwierigkeiten schafft Vertrauen und stärkt die Partnerschaft mit den Familien.
Die Familien schätzen deine proaktive Art und deine Offenheit in Bezug auf deine Arbeit. Eine transparente Kommunikation gibt den Eltern Einblick in den pädagogischen Alltag ihrer Kinder und stärkt das Vertrauen in die Kita. Erinnere dich daran, dass auch du als (angehende) pädagogische Fachkraft ständig dazulernst. Teile diese Lernprozesse offen mit den Familien.

Eltern als Partner:innen auf der Entwicklungsreise der Kinder

In der Kita-Arbeit sind die Eltern nicht nur passive Beobachter:innen, sondern aktive Partner:innen auf der Entwicklungsreise der Kinder. Das Verhältnis zwischen Eltern und pädagogischen Fachkräften ist von entscheidender Bedeutung für eine ganzheitliche Entwicklung der Kinder. Durch eine positive, beziehungsorientierte Arbeit mit den Familien schaffst du nicht nur eine unterstützende Umgebung für die Kinder, sondern legst auch den Grundstein für eine erfolgreiche pädagogische Praxis.

Deine Reise als (angehende) pädagogische Fachkraft wird durch die enge Zusammenarbeit mit den Eltern bereichert. Eure Partnerschaft ist der Schlüssel zu einer erfolgreichen und erfüllenden pädagogischen Praxis. Sei offen, sei transparent und sieh die Eltern als wertvolle Verbündete auf diesem gemeinsamen Weg.

6.2 KULTURELLE VIELFALT IN DER KITA: BRÜCKEN BAUEN, HORIZONTE ERWEITERN

Das Kita-Universum ist überaus vielfältig. Du wirst zum Beispiel Familien aus den unterschiedlichsten Kulturen, Ethnien und Religionen begegnen. Diese Vielfalt ist nicht nur eine Herausforderung, sondern vor allem eine Bereicherung. Unwissenheit in Bezug auf die Familienkultur, Religion oder bestimmte Traditionen und Bräuche, gepaart mit falschen Erwartungen, können zu Berührungs- und Beziehungsschwierigkeiten führen. Darüber hinaus jedoch bietet diese Vielfalt zahlreiche Chancen und Ressourcen, zumal die unterschiedlichen Familien wertvolle Beiträge für den Kita-Alltag leisten können.

INFO

Klassische Herausforderungen und wie du sie meisterst

Sprachbarrieren: Einige Kinder und deren Eltern sprechen noch nicht (fließend) Deutsch. Hier ist es wichtig, Geduld zu zeigen und alternative Kommunikationswege zu finden. Nutze Bilder, Gesten und Grundbegriffe der jeweiligen Muttersprache. Es gibt auch Apps und Übersetzungstools, die helfen können.

Kulturelle Unterschiede: Unterschiedliche kulturelle Hintergründe können zu Missverständnissen führen. Sei offen und neugierig, lerne über die verschiedenen Kulturen und integriere Elemente davon in den Kita-Alltag. Dies zeigt Wertschätzung und fördert das Verständnis.

Inklusion in die Gruppe: Manchmal kann es für Kinder aus anderen Kulturen schwierig sein, sich in die Gruppe zu integrieren. Hier kannst du Brücken bauen, indem du kulturelle Aspekte thematisierst und Gemeinsamkeiten hervorhebst. Organisiere Aktivitäten, die das Teilen kultureller Traditionen ermöglichen.

Erwartungen der Eltern: Eltern aus verschiedenen Kulturen haben möglicherweise unterschiedliche Erwartungen an die Kita. Kommunikation ist hier der Schlüssel. Führe offene Gespräche, um die Bedürfnisse und Erwartungen zu verstehen und zu klären.

Der Mehrwert von Multi-Kulti

Familien aus den unterschiedlichsten Ländern und Kulturen sind in Kitas nicht mehr wegzudenken. Sie ermöglichen es den Kindern, von klein auf Vielfalt als normal und bereichernd zu erleben. Die Kinder lernen dabei Toleranz, Offenheit und den Umgang mit Verschiedenheit. Sie entwickeln ein Verständnis für Mehrsprachigkeit und unterschiedliche Lebensweisen. Diese Kompetenzen sind in unserer globalisierten Welt unverzichtbar.

Multikulturelle Familien bringen eine Fülle an unterschiedlichen Perspektiven, Sprachen und Traditionen in die Kita. Diese Vielfalt bereichert die Erfahrungen aller Kinder und trägt zu einer offenen, toleranten und globalen Sichtweise bei. Du hast die Möglichkeit, von den vielfältigen Hintergründen zu lernen und diese in den Alltag der Kita zu integrieren. Denke daran, dass jedes Kind, das eine andere Sprache spricht oder eine andere Kultur lebt, eine einzigartige Gelegenheit für alle darstellt, Neues zu entdecken und zu lernen.

Und du hast die einzigartige Möglichkeit, diese Vielfalt als positiven Aspekt des Lernens und Wachsens vorzuleben. Du bist ein wichtiger Teil dieser Erfahrung, indem du eine Umgebung schaffst, in der jedes Kind und jede Familie sich willkommen und wertgeschätzt fühlt. Das Ziel ist es, Brücken zu bauen und keine Mauern.

Denke daran, dass jede Familie, unabhängig von ihrer Herkunft, das gleiche Ziel hat: Sie möchte das Beste für ihr Kind. Indem du die Vielfalt als Bereicherung siehst und aktiv förderst, trägst du zu einer offenen, inklusiven und bereichernden Kita-Umgebung bei. Deine Offenheit und dein Engagement bereiten die Kinder auf eine Welt vor, in der Vielfalt und Multikulturalität geschätzt werden.

Kapitel 7

Dein Platz in einem stetig dynamischen Team

Das Kita-Universum stellt ein lebendiges und dynamisches Umfeld dar: Freude, Wut Trauer, Konflikte, Veränderung, Entwicklung und vieles mehr finden hier ihren Platz. Für die gute Navigation durch dieses sich stetig verändernde Arbeitsfeld ist die Teamarbeit nicht nur eine Methode, sondern eine unabdingbare Notwendigkeit.

7.1 DIE VIER PHASEN DER TEAMENTWICKLUNG

Um zu verstehen, was um dich herum passiert, ist es hilfreich, die die vier Phasen der Teamentwicklung zu kennen: Forming, Storming, Norming und Performing (vgl. Bernitzke 2014, S. 66ff.). Diese Phasen bieten einen umfassenden Rahmen, um die Entwicklung und Dynamik von Teams im Kita-Kontext zu verstehen. Dies ist insbesondere für neue (angehende) Fachkräfte wie dich von entscheidender Bedeutung. Das Wissen hilft dir auch, dich erfolgreich in das bestehende Teamgefüge zu integrieren.

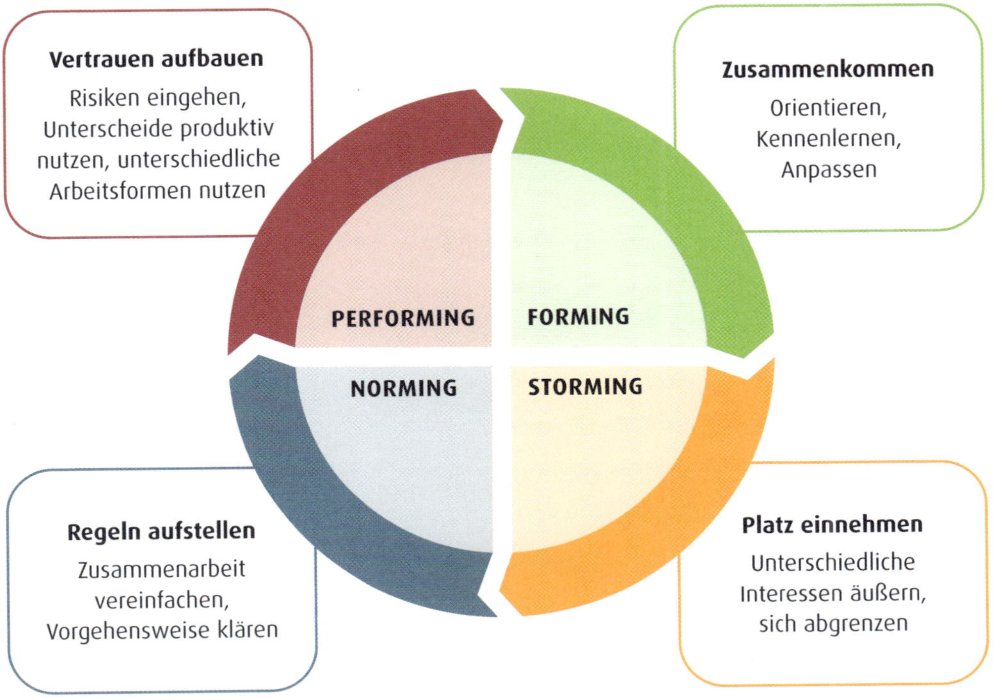

Forming: Der Beginn der gemeinsamen Reise

Die Reise beginnt mit der Forming-Phase, einer Zeit des Kennenlernens und der ersten Orientierung. Für eine neu hinzukommende Fachkraft ist dies eine Phase voller Eindrücke und neuer Erfahrungen. Hier werden erste Beziehungen geknüpft und die Grundlagen für zukünftige Interaktionen geschaffen. Wichtig ist es, aktiv zu beobachten, wie die Kolleg:innen miteinander umgehen und welche Routinen im Alltag der Kita verankert sind. Neue Mitglieder sollten sich bemühen, offene Fragen zu stellen, um die Kolleg:innen und die Arbeitsabläufe besser zu verstehen. Es gilt, Hilfsbereitschaft zu zeigen und sich langsam in das Team einzufügen, ohne die etablierten Abläufe sofort infrage zu stellen.

REFLEXION

Reflexionsfragen zur ersten Orientierung

- Welche ersten Eindrücke habe ich von der Arbeitsweise und der Kultur im Kita-Team?
- Wie gut habe ich mich bereits in die täglichen Routinen und Aktivitäten des Teams integriert?
- Welche Rolle sehe ich für mich im Team und wie kann ich meine Fähigkeiten am besten einbringen?

TIPP

Handlungsstrategien beim Forming

1. Nimm aktiv an Teammeetings und gemeinsamen Unternehmungen teil, um Präsenz zu zeigen und ein Gefühl für die Teamdynamik zu bekommen.

2. Führe Gespräche mit Kolleg:innen, um sie besser kennenzulernen und um Rat zu bitten, was den Einstieg erleichtert.

3. Beobachte und lerne von den Routinen und Arbeitsweisen der erfahrenen Kolleg:innen, um dich effektiv ins Team einzubringen.

Storming: Konfrontation und Herausforderungen

Mit der Storming-Phase treten die ersten Herausforderungen und Konflikte auf. Unterschiedliche Meinungen und Arbeitsstile treffen aufeinander, was zu Spannungen im Team führen kann. Dies ist eine kritische Zeit, in der neue Teammitglieder besonders gefordert sind. Sie sollten versuchen, aktiv zuzuhören und die verschiedenen Perspektiven zu verstehen. Es ist entscheidend, sich keiner Seite anzuschließen oder in die Falle von Parteibildungen zu geraten. Deine Devise lautet: Allparteilichkeit. Halte dich aus möglichen individuellen Rosenkriegen der Kolleg:innen heraus und beteilige dich in Gruppen- und Teamgesprächen mit konstruktiven Lösungsvorschlägen, die auf Kompromissen und gemeinsamen Interessen basieren und sich stets an professionellem und respektvollem Verhalten orientieren. Diese Phase kostet viel Energie. Doch wie anstrengend und herausfordernd sie auch sein mag, so wichtig ist sie auch für das Voranschreiten des Teamgefüges. Du wirst merken: Wenn ihr diese Phase gemeinsam meistert, schweißt euch das zusammen wie keine andere Maßnahme der Welt.

REFLEXION

Reflexionsfragen zu ersten Herausforderungen

» Welche Herausforderungen oder Schwierigkeiten habe ich bisher im Umgang mit meinem Team erfahren?
» In welcher Weise kann ich dazu beitragen, bestehende Konflikte zu lösen, ohne Partei zu ergreifen?
» Wie kann ich effektiv kommunizieren und mich einbringen, ohne bestehende Teamdynamiken zu stören?

TIPP

Handlungsstrategien beim Storming

1. Übe aktives Zuhören, um die Perspektiven deiner Kolleg:innen zu verstehen, ohne vorschnell zu urteilen.
2. Nutze deine frische Perspektive, um neutrale und innovative Lösungen für Teamkonflikte vorzuschlagen.
3. Suche nach Möglichkeiten für konstruktives Feedback – sowohl für das Geben als auch Empfangen –, um die Kommunikation im Team zu unterstützen.

Norming: Entwicklung von Standards und Routinen

Nachdem die stürmischen Zeiten der Storming-Phase überwunden sind, tritt das Team in die Norming-Phase ein. In dieser Phase werden gemeinsame Normen und Arbeitsweisen entwickelt. Hier finden Teams oft zu einem Gleichgewicht und beginnen, effizienter zusammenzuarbeiten. Für neue Teammitglieder bietet diese Phase die Chance, sich aktiv in die Gestaltung von Prozessen und Regeln einzubringen. Es ist wichtig, offen für Feedback zu sein und sich an die gemeinsam entwickelten Standards zu halten. Eine positive und unterstützende Atmosphäre zu fördern trägt wesentlich zum Zusammenhalt des Teams bei.

REFLEXION

Reflexionsfragen zu gemeinsamen Standards

» Wie trage ich zur Entwicklung und Einhaltung von gemeinsamen Regeln und Standards im Team bei?
» Wie gehe ich mit Feedback um, das ich von meinen Kollegen erhalte, und wie nutze ich es zur Verbesserung meiner Arbeit?
» Welche Maßnahmen ergreife ich, um eine positive und kooperative Arbeitsatmosphäre im Team zu unterstützen?

TIPP

Handlungsstrategien beim Norming

Engagiere dich aktiv in Diskussionen über Teamnormen und bringe eigene Ideen ein, um die gemeinsamen Standards mitzugestalten.

Sei offen für Rückmeldungen und nutze sie als Gelegenheit zur persönlichen und professionellen Entwicklung.

Fördere eine Kultur der Unterstützung und des Respekts, indem du positiv auf Vorschläge und Ideen deiner Kolleg:innen reagierst.

Performing: Effiziente Zusammenarbeit und Teamharmonie

In der Performing-Phase hat sich das Team gefunden. Die Mitglieder arbeiten selbstständig, effizient und unterstützen sich gegenseitig bei der Erreichung gemeinsamer Ziele. Dies ist die Phase, in der die Stärken jedes Einzelnen voll zur Geltung kommen und das Team als Ganzes funktioniert. Du sollten in dieser Phase deine Fähigkeiten voll einbringen und nach Möglichkeiten suchen, das Team weiter zu stärken bzw. zu unterstützen. Offene und regelmäßige Kommunikation ist entscheidend, um die Zusammenarbeit und den Teamgeist zu fördern. Gemeinsame Erfolge sollten gefeiert werden, um die Motivation und die Moral des Teams zu stärken.

REFLEXION

Reflexionsfragen zu den Stärken im Team

» Wie kann ich meine persönlichen Stärken, Interessen und (Fach-)Kenntnisse nutzen, um das Team und die Kinder bestmöglich zu unterstützen?
» Wie effektiv sind unsere derzeitigen Arbeitsabläufe? Gibt es Verbesserungsmöglichkeiten, die ich vorschlagen könnte?
» Welche Initiativen kann ich ergreifen, um die Teamdynamik und Zusammenarbeit weiter zu stärken?

TIPP

Handlungsstrategien beim Performing

1. Bringe deine Stärken und speziellen Fähigkeiten ein, um das Team bei der Erreichung der pädagogischen Ziele zu unterstützen.
2. Beobachte die aktuellen Arbeitsabläufe und schlage, falls notwendig, Verbesserungen vor, die zur Effizienz des Teams beitragen können.
3. Organisiere oder schlage Teamaktivitäten vor, die den Zusammenhalt und das gegenseitige Verständnis fördern, zum Beispiel gemeinsame Fortbildungen oder Teamausflüge.

7.2 DIE KONTINUIERLICHE DYNAMIK DES TEAMS

Ein wesentlicher Aspekt, der nicht außer Acht gelassen werden darf, ist die Tatsache, dass Teams im Kita-Bereich durch Personalveränderungen einem ständigen Wandel unterliegen. Jede Veränderung im Personalbestand kann dazu führen, dass die Teambuilding-Phasen neu durchlaufen werden müssen.

Besonders in Zeiten des Fachkräftemangels stehen viele Teams vor dieser Herausforderung. Hier zeigt sich die Bedeutung von Flexibilität und Anpassungsfähigkeit innerhalb des Teams. Teamarbeit ist ein fortwährender Prozess, der Anpassung, Entwicklung und Resilienz erfordert.

Als neues Mitglied in einem Kita-Team ist es wichtig, sich dieser dynamischen Natur der Teamarbeit bewusst zu sein. Jede Phase birgt ihre eigenen Herausforderungen und Chancen. Durch die aktive Teilnahme, eine neutrale Haltung und das Einbringen konstruktiver Beiträge kannst du einem wertvollen Beitrag für dein Team leisten. Es ist wichtig zu erkennen, dass jede Phase wertvolle Lern- und Wachstumsmöglichkeiten bietet – sowohl für das einzelne Mitglied als auch für das Team als Ganzes. In einem Umfeld, das ständigen Veränderungen unterworfen ist, ist die Fähigkeit, sich anzupassen und flexibel zu bleiben, von unschätzbarem Wert für die effektive Teamarbeit.

Kapitel 8

Für deinen Start in die Kita-Praxis

Du bist vielleicht aufgeregt oder sogar ein bisschen ängstlich. Diese Gefühle sind vollkommen normal und ein natürlicher Teil des Beginns eines neuen Kapitels in deinem Leben. Denke immer daran: Jede Fähigkeit, jedes Wissen beginnt mit einem ersten Schritt. Die Aufregung, die Unsicherheit sind Zeichen dafür, dass du dich auf etwas Neues, etwas Bedeutungsvolles einlässt. Freue dich auf die Abenteuer, die vor dir liegen, denn sie werden dich wachsen lassen, dich herausfordern und dir unvergessliche Erlebnisse bescheren.
Erinnere dich daran, dass du nicht allein bist. Jeder Mensch, der mit seinem Weg in ein neues Feld beginnt, steht vor ähnlichen Herausforderungen. Es gibt eine Gemeinschaft von Menschen, die diesen Weg bereits vor dir gegangen und bereit sind, ihre Erfahrungen und ihr Wissen mit dir zu teilen. Zögere nicht, um Hilfe und Rat zu bitten. Stärke bedeutet nicht, alles alleine zu bewältigen, sondern zu wissen, wann es Zeit ist, Unterstützung zu suchen.

„Auch eine Reise von tausend Meilen beginnt mit einem einzigen Schritt."
LAO-TSE

Hier im Buch begleiten dich ab jetzt **Markus und Martha,** die vor einer ähnlichen Situation wie du stehen. Während Markus mit einer Mischung aus Aufregung und Unsicherheit in seiner brandneuen Arbeitsstelle ankommt, ist Martha neugierig und voller Vorfreude auf den weiteren Weg. Welche Herausforderungen warten auf sie?

Wie startet Markus in die Kita?

Markus steht am Eingang des Kindergartens und seine Augen schweifen unsicher durch den Raum. Ein kleiner Junge nähert sich ihm. „Hallo, bist du neu hier? Ich heiße Tim!", sagt der Junge aufgeregt. Markus schafft es kaum, sich ein Lächeln abzuringen und antwortet knapp: „Ja, ich bin Markus. Ich muss jetzt aber wirklich weiter." Eine Mutter tritt mit einem warmen Lächeln an ihn heran. „Guten Morgen! Ich bin Katharina, Emmas Mutter. Wie fühlen Sie sich an Ihrem ersten Tag?", fragt sie. Markus, der nervös an seiner Tasche fummelt, antwortet hastig: „Ähm, alles in Ordnung, danke." Dann dreht er sich abrupt um und geht weg.

Im Pausenraum sitzen seine neuen Kolleginnen und Kollegen zusammen, lachen und tauschen Geschichten aus. Markus greift mechanisch nach einer Tasse Kaffee und setzt sich abseits an einen leeren Tisch. Eine Kollegin, die ihn bemerkt, ruft ihm fröhlich zu: „Hey Markus, komm doch rüber und setz dich zu uns!" Markus blickt kurz auf und murmelt: „Gleich, ich bin gerade beschäftigt." Er senkt den Blick und starrt auf die dampfende Kaffeetasse, während die Stimmen um ihn herum weiterplätschern.

Markus zeigt klassische Anzeichen von Nervosität und Unsicherheit, die häufig bei neuen Erfahrungen, insbesondere am ersten Arbeitstag, auftreten können. Es ist offensichtlich, dass Markus Schwierigkeiten hat, sich in das neue Umfeld einzufinden und Beziehungen zu Kindern, Eltern und Kolleg:innen aufzubauen. Markus zeigt eine geschlossene Körpersprache und vermeidet längere Interaktionen, was darauf hindeutet, dass er Schwierigkeiten hat, sich emotional zu öffnen und Vertrauen zu den Menschen in seiner Umgebung aufzubauen. Dies könnte durch seine Nervosität und Unsicherheit verstärkt werden, was in sozialen Situationen oft zu Zurückhaltung und Vermeidungsverhalten führt. Die Tatsache, dass er sich von Gesprächen fernhält und keine Initiative zeigt, um sich seinen neuen Kolleg:innen vorzustellen, spiegelt mangelnde Selbstsicherheit und möglicherweise Angst vor negativer Bewertung wider.

Für eine pädagogische Fachkraft ist es wichtig, solche Verhaltensweisen zu erkennen und empathisch darauf zu reagieren. Hier könnten unterstützende Maßnahmen wie ein Mentoren- oder Paten-System, regelmäßige Feedbackgespräche und die Förderung eines offenen und einladenden Teamklimas helfen, die Eingewöhnung zu erleichtern. Des Weiteren wäre es für Markus von Vorteil, an seiner Selbstwahrnehmung und seinen sozialen Kompetenzen zu arbeiten, um sich besser in die Gemeinschaft zu integrieren und ein positives Arbeitsumfeld zu schaffen.

Wie sehen Marthas erste Schritte aus?

Martha betritt den Kindergarten. Ihre Augen funkeln vor Aufregung, als sie die lebhaften Farben und die Kinder, die ausgelassen spielen, sieht. „Was für ein wunderbarer Ort! Das wird ein guter Tag", murmelt sie begeistert. Gleich am Eingang kommt ein kleiner Junge mit einem zerzausten Haarschopf auf sie zu. „Bist du neu hier?", fragt er neugierig. Martha beugt sich zu ihm herunter und antwortet lächelnd: „Ja, das bin ich. Ich bin Martha. Und wer bist du?" „Ich bin Max", sagt der Junge und lächelt zurück.

Als Martha durch den Raum geht, bemerkt sie ein Mädchen, das alleine in der Ecke sitzt und zeichnet. Martha nähert sich ihr sanft und fragt: „Darf ich sehen, was du zeichnest?" Das Mädchen schaut auf und beginnt, aufgeregt über ihr Bild zu sprechen. Martha hört aufmerksam zu.

Während des gemeinsamen Frühstücks geht Martha zu den Eltern: „Guten Morgen! Ich bin Martha, die neue Mitarbeiterin. Wie schön, Sie und Ihre Kinder kennenzulernen." Die Eltern lächeln und begrüßen sie herzlich.

Später, im Pausenraum, gesellt sie sich zu ihren Kolleginnen und Kollegen. „Darf ich mich euch anschließen?", fragt sie freundlich. Die anderen laden sie ein, sich dazuzusetzen, und bald sind sie alle in ein angeregtes Gespräch vertieft.

Marthas natürliche Freundlichkeit und ihr echtes Interesse an anderen machen es ihr leicht, schnell Anschluss zu finden und eine positive Atmosphäre zu schaffen. Ihre Fähigkeit, intuitiv mit jedem und jeder in Verbindung zu treten, sowohl mit den Kindern als auch mit den Erwachsenen, macht sie zu einer Bereicherung für das Team.

TIPP

Drei Tipps im Umgang mit den Kindern

Lächeln als Türöffner: Ein Lächeln ist die universelle Eintrittskarte. Beginne deinen Tag mit einem herzlichen Lächeln, um den Kindern zu zeigen, dass du freundlich und zugänglich bist. Getreu dem Motto: Ein Lächeln ist der kürzeste Weg zwischen zwei Menschen.

Geduld ist eine Tugend: Kinder sind neugierig und haben viele Fragen. Nimm dir Zeit, um ihre Fragen zu beantworten und lasse sie die Welt um sich herum erkunden. Gib den Kindern Zeit, sich auf dich einzulassen – genauso umgekehrt. Verbindung und Beziehung brauchen Zeit.

Authentizität und Offenheit: Habe keine Angst, du selbst zu sein. Sei authentisch und zeige den Kindern, dass du offen und bereit für sie bist. Kinder sind intuitiv, schätzen Ehrlichkeit und Authentizität. Sie machen es einem oft einfach, da sie eine natürliche Neugier an anderen Menschen haben und zeigen.

„Fang nie an aufzuhören, hör nie auf anzufangen."

MARCUS TULLIUS CICERO

TIPP

Drei Tipps im Umgang mit den Eltern und Familien

Offene Kommunikation: Schaffe eine offene Kommunikationskultur, indem Fachkräfte und Eltern regelmäßige Informationen über den Tagesablauf und die Fortschritte der Kinder teilen.

Familien als Partner:innen: Betrachte die Familien als Partner:innen im Bildungsprozess der Kinder. Nimm ihre Anliegen und Ideen ernst und arbeite gemeinsam mit ihnen an Lösungen.

Feedback ist willkommen: Bitte die Eltern um Feedback. Dies zeigt deine ehrliche Bereitschaft zur Zusammenarbeit und stetigen Weiterentwicklung. Wichtig: Negative Kritik, die an dich gerichtet ist, betrifft nicht deine Person als Ganzes. Sie fokussiert immer nur den jeweiligen Arbeitskontext.

TIPP

Drei Tipps im Umgang mit deinen Kolleg:innen

Offenheit und Neugierde: Zeige Offenheit gegenüber deinen neuen Kolleg:innen. Stelle dich vor, frage nach ihren Interessen, den Abläufe, ihren Steckenpferden und lerne sie kennen. Gemeinsame Gespräche können den Einstieg sehr erleichtern.

Fragen und Zuhören: Scheue dich nicht davor, Fragen zu stellen. Zeige Interesse an den Abläufen, der Teamkultur und den damit verbundenen Erwartungen im Team. Aktives Zuhören zeigt, dass du bereit bist, von deinen Kolleg:innen zu lernen.

Positive Energie teilen: Gehe mit positiver Energie in den Tag und teile diese mit deinen Kolleg:innen. Ein Lächeln, ein freundliches Wort oder eine aufmunternde Geste kann die Atmosphäre aufhellen und gute Stimmung verbreiten.

8.1 DIE MACHT DER BEZIEHUNGSGESTALTUNG

Kinder mögen vielleicht vergessen, was du gesagt hast, aber sie werden nie vergessen, was du sie hast fühlen lassen. Schaffe Vertrauen, zeige Interesse und baue Beziehungen auf, die manchmal ein ganzes Leben lang halten können.
Über die Verbindung mit allen Akteur:innen im Kita-Universum baust du eine Beziehung zu ihnen auf. Diese Beziehung wiederum stärkt eure Verbindung. Und das macht es auch einfacher, erfolgreich zu kooperieren.

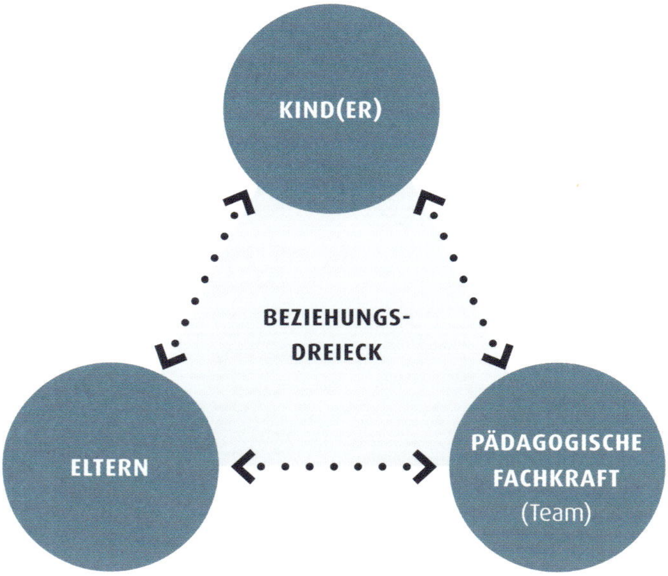

„Du und ich – wir sind eins.
Ich kann dir nicht wehtun,
ohne mich zu verletzen."
MAHATMA GHANDI

„Wer selbst geachtet werden will, der muss die Eigenart seiner Mitmenschen achten."

SAMUEL SMILES

MERKE!

Im Bildungssektor sprechen wir lieber von Beziehung als von Erziehung. Wir treten mit dem Kind in Beziehung. Wir gehen in Kontakt. Denn nur so lernt das Kind gerne und das Gehirn ist offen für Neues, eben vom Beziehungsmenschen.

INFO

Bildung braucht vertrauensvolle Beziehungen

„Damit Bildung aus neurowissenschaftlicher Sicht gelingen kann, müssten die Bildungseinrichtungen also zu Orten werden und die pädagogische Fachkräfte und Lehrer:innen Beziehungspersonen sein, die die Kinder gerne aufsuchen, wo sie sich sicher und geborgen, unterstützt und wertgeschätzt und natürlich maximal herausgefordert und optimal gefördert fühlen. Immer getreu dem Motto: „Lieber mit gereichter Hand statt mit erhobenem Zeigefinger". Entscheidend ist dabei – auch das ist eine wichtige neue Erkenntnis der Hirnforschung – immer die subjektive Bewertung. Das eigene Gefühl des Kindes, nicht die objektiv herrschenden Umstände oder die behördlich geregelten Verhältnisse sind ausschlaggebend dafür, ob ein Kind seine Potenziale entfalten kann oder ob es sie aus Angst unterdrücken muss" (Hüther 2011).

Die Beziehung zu den Eltern und Familien ist ein zentraler Aspekt im Kindergarten. Gelingen ein in Beziehung tretendes Miteinander und eine Begegnung mit offenen Armen; so wird der Grundstein für eine erfolgreiche Beziehungspartnerschaft zwischen dir und den Familien gelegt.

Verbindung schafft Beziehung

Bei deinen ersten Schritten im Kindergarten ist der Aufbau und das Aufrechterhalten der Verbindung zu den Kindern die Brücke zu einer vertrauensvollen Beziehung. Verbindung gelingt dir durch direkte Ansprache, durch die Begegnung auf Augenhöhe. Das drückt sich auch rein körperlich aus: indem du zum Beispiel in die Hocke gehst, das Kind sanft an der Schulter berührst etc. Diese Verbindung ist der Türöffner für den Beziehungsaufbau. Mit dem Kind dann in Beziehung zu gehen bedeutet konkret: Wie begegnest du dem Kind? Wie reagierst du auf Angebote und Emotionen des Kindes? Wie schaffst du es, vorurteilsbewusst zu sein? Kannst du das Kind in all seinen Facetten so annehmen wie es ist? Oder, wie ein geschätzter Kollege von uns, Dirk Fiebelkorn, fragen würde: „Was ist dein Beziehungsangebot für das Kind?"

Das ist eine Frage, die gar nicht so einfach zu beantworten ist. Die Antwort ist so individuell wie das Leben selbst. Du musst auch nicht sofort antworten. Diese Frage darf dich herausfordern und in deinen Gedanken verweilen. Erinnere dich an dein „Warum" (siehe Kapitel 2), und wir sind uns sicher, du wirst diese Frage mit neuem, geschärftem Blick beantworten können.

Indem du mit den Kindern in Beziehung gehst, schaffst du die Grundlage für eine starke und vertrauensvolle Bindung. Du wirst erfahren, dass die Kinder dann anfangen, dich als feste Vertrauens- und Bezugsperson anzunehmen. Sie werden dich mit ihren Ideen, Sorgen, Emotionen und ihrer ganzen Vielseitigkeit fordern, herausfordern und beschenken. Ein Kind, das auf diese Weise immer wieder den Kontakt zu dir sucht, tut dies, weil es weiß, dass du es so annimmst, wie es ist. Das ist sowohl ein Beziehungsangebot des Kindes an dich als auch die größte Wertschätzung deiner Person. Dieser Prozess braucht Zeit und Raum, um wachsen zu können. Bleibe geduldig und lass das Kind das Tempo vorgeben.

Auch **Markus und Martha** lernen neue Herangehensweisen kennen – sie lernen sich selbst neu kennen.

Wie gestaltet Markus seine Beziehungen?

Markus steht in der Ecke des Gruppenraumes und beobachtet die Kinder. Als ein Junge auf ihn zuläuft und sagt „Ich habe heute meinen Teddy mitgebracht!", reagiert Markus mit einem knappen Nicken. „Stell ihn zu den anderen Sachen", meint er. Markus wendet sich ab, ohne den Versuch zu machen, das Gespräch fortzusetzen.
Später, während des Morgenkreises, spricht ein Mädchen über ihren Urlaub. Markus unterbricht sie: „Das ist ja super, lasst uns mit dem Lied weitermachen." Die Kinder schauen sich verwirrt an, ihre Freude schwindet. In der Teamsitzung schlägt eine Kollegin vor: „Vielleicht könnten wir die Raumaufteilung ändern, um mehr Bewegungsfreiheit zu schaffen." Markus antwortet zügig: „Ich denke, es ist besser, wenn alles so bleibt." Ein besorgter Vater nähert sich Markus dann am Nachmittag: „Ich wollte mit Ihnen über die Essensgewohnheiten meines Sohnes sprechen." Markus schaut auf seine Uhr und erwidert: „Jetzt ist gerade nicht der richtige Zeitpunkt. Fragen sie morgen meine Kollegin Ulli."

Markus steht vor Herausforderungen, die oft im Zusammenhang mit einer neuen beruflichen Rolle/Position und der Anpassung an eine unbekannte Arbeitsumgebung auftreten. Seine Interaktionen mit den Kindern, wie die zurückhaltende Reaktion auf den Jungen mit dem Teddybären und das abrupte Unterbrechen des Mädchens, könnten auf eine anfängliche Unsicherheit im Umgang mit der spontanen Natur von Kindern hindeuten. Es ist möglich, dass Markus noch dabei ist, die Feinheiten und Tiefen des pädagogischen Engagements zu verstehen und umzusetzen.

Sein Verhalten gegenüber Kolleg:innen und Eltern könnte als eine Form der Vorsicht in neuen sozialen Situationen interpretiert werden. Seine Antworten in der Teamsitzung und die abweisende Reaktion gegenüber dem besorgten Vater könnten darauf hindeuten, dass Markus es noch nicht ganz geschafft hat, seinen Platz im Team zu finden und effektive Kommunikationswege zu entwickeln.

Ein weiterer Aspekt, der in Betracht gezogen werden sollte, sind der Druck und die Erwartungen, die mit der Übernahme einer neuen Rolle einhergehen. Markus könnte sich überwältigt fühlen von den Anforderungen und Erwartungen im Kindergarten. Insgesamt deuten die Beobachtungen darauf hin, dass Markus von weiterer Anleitung, Unterstützung und professioneller Entwicklung profitieren könnte. Dies könnte ihm helfen, seine kommunikativen Fähigkeiten zu verbessern, Vertrauen in seine Rolle zu gewinnen und letztendlich erfolgreichere und tiefere Beziehungen zu Kindern, Eltern und Kolleg:innen aufzubauen.

Wie gestaltet Martha ihre Beziehungen?

Ein kleines Mädchen läuft auf Martha zu und sagt: „Schau, ich habe heute meine neue Puppe mitgebracht!" Martha kniet sich hin, um auf Augenhöhe zu sein. „Sie ist wunderschön! Wie heißt sie denn?", fragt sie. Das Mädchen lächelt breit und beginnt, von ihrer Puppe zu erzählen. Später, während eines Kreativangebots, bemerkt Martha, dass ein Junge Schwierigkeiten hat, seine Schere zu benutzen. Sie setzt sich neben ihn und sagt sanft: „Darf ich dir zeigen, wie es leichter geht?" Gemeinsam arbeiten sie an seinem Projekt.

Im Pausenraum schlägt eine Kollegin vor, eine neue Lernmethode auszuprobieren. Martha hört aufmerksam zu und antwortet: „Das klingt nach einer frischen Idee. Ich freue mich darauf, das gemeinsam mit dir auszuprobieren." Gegen Ende des Tages spricht ein Vater Martha an. „Ich mache mir Sorgen wegen der Schüchternheit meiner Tochter." Martha sagt: „Ich sehe, dass Sie besorgt sind. Ich gebe die Information an meine Kollegin Anja weiter. Ich bin sicher, wir finden einen Weg, um Ihnen und Ihrer Tochter zu helfen. Spätestens Morgen haben Sie einen Termin von uns im Fach Ihrer Tochter."

In all diesen Situationen tritt Martha auf eine empathische und wohlwollende Art, mit viel Verständnis, mit allen Beteiligten in Verbindung. Das wiederum führt zu einer warmen und einladenden Atmosphäre, die die Beziehungsgestaltung fördert.

INFO

Die Zauberkraft des Spiegelns: Kinder wollen gesehen werden

Kinder möchten wahrgenommen, also ganz einfach, gesehen werden. Mit all ihren Facetten: laut, leise, traurig, glücklich, müde, hungrig, bei Erfolgen, bei Fehlschlägen, wenn sie mutig sind, wenn sie ängstlich sind, wenn sie Frusterfahrungen machen, wenn sie sich einsam fühlen etc. Verbalisiere, was du gesehen hast, für die Kinder – zum Beispiel: "Ich sehe, du bist traurig. Ich verstehe das! Du darfst traurig sein!" oder: „Wow, du freust dich ja richtig! Das ist schön zu sehen!"
Die Kinder lernen, alle ihre Gefühle zu sortieren und erst einmal zu benennen. Du wirst erstaunt sein, wie du mit dieser einfachen Spiegel-Technik Kinder schneller beruhigen kannst und einen noch besseren Zugang zu ihnen erhältst. Denn die Kinder lernen von dir: „Ich werde gesehen, und meine Gefühle sind ihr/ihm wichtig." Probiere es aus".

„Nicht die Menschen, die allein sind, sind einsam, sondern diejenigen, die nicht in der Lage sind, eine Brücke zu anderen zu schlagen."

ALBERT EINSTEIN

TIPP

Drei Tipps für eine starke Beziehung zu den Kindern

Individualität respektieren: Nimm dir Zeit, um den Kindern zuzuhören und ihre Bedürfnisse zu verstehen. Echte Empathie stärkt deine Beziehung zu ihnen. Jedes Kind ist einzigartig. Zeige Interesse an den Themen der Kinder, nimm das Kind wie es ist und berücksichtige auch seine soziokulturelle Biografie, um eine starke Verbindung aufzubauen.

Rituale schaffen Sicherheit: Etabliere wiederkehrende Rituale und Routinen oder greife bestehende Rituale auf bzw. passe sie gegebenenfalls deinen Stärken an, um den Kindern Sicherheit und Verlässlichkeit zu vermitteln.

Sei ein Vorbild: Deine Handlungen prägen die Kinder mehr als deine Worte. Zeige ihnen Wertschätzung, Freundlichkeit und Empathie, die sie in ihrem eigenen Verhalten widerspiegeln können.

TIPP

Drei Tipps für eine gelungene Beziehungspartnerschaft mit Eltern und Familien

Durch Transparenz zur Sicherheit: Biete regelmäßige Gesprächsgelegenheiten, um über den Fortschritt und die Bedürfnisse der Kinder zu sprechen. Eröffne den Familien zeitgleich regelmäßig Einblicke in den Kita-Alltag, sei es durch Fotos, Berichte oder kleine Geschichten. Das stärkt das Vertrauen und gibt Eltern das Gefühl, Teil der Erlebnisse ihrer Kinder zu sein, und die Sicherheit, dass ihre Kinder gesehen werden.

Anerkennung und Wertschätzung durch ehrliches Interesse: Zeige den Eltern von Anfang an, dass du für ihre Fragen und Anliegen offen bist. Höre den Eltern aufmerksam zu, wenn sie ihre Sorgen oder Erfahrungen mit dir teilen. Zeige Empathie und Interesse an ihren Perspektiven.

Machen den Eltern deutlich, wie sehr du die Zusammenarbeit schätzt. Bedanke dich für ihre Unterstützung und lasse sie am Alltag ihrer Kinder teilhaben.

Eltern und Familien als Expert:innen ihrer Kinder: Diese Sichtweise ist für eine gute und gelungene Beziehungspartnerschaft zwischen dir und den Familien entscheidend. Familien wollen grundsätzlich das Beste für ihre Kinder, und sie kennen sie wie keiner anderer auf dieser Welt. Sie können dir dabei helfen, die Kinder noch besser zu verstehen.

TIPP

Drei Tipps für eine gute Beziehung zu deinen Kolleg:innen

Unterstützung anbieten: Biete deinen Kolleg:innen proaktiv Unterstützung an. Gegenseitige Unterstützung schafft Vertrauen und gemeinsame Erfahrungen. Daraus entstehen ein Wir-Gefühl und die Chance, gemeinsam zu wachsen.

Kommunikation auf Augenhöhe: Egal, ob erfahrene oder unerfahrene Fachkräfte, alle Meinungen zählen. Achte darauf, dass die Kommunikation respektvoll und konstruktiv abläuft. Teile dein Wissen und deine Ansichten und sei dabei offen dafür, von den Erfahrungen der Kolleg:innen zu lernen. Gemeinsames Lernen fördert die professionelle Entwicklung.

Dankbarkeit zeigen: Zeige deinen Kolleg:innen Anerkennung für ihre Unterstützung. Ein einfaches, aber ehrliches Dankeschön kann viel bewirken und das Teamklima positiv beeinflussen.

8.2 FLEXIBILITÄT IST DAS ZAUBERWORT

Der Kita-Alltag ist so wechselhaft wie das Wetter. Jeder Tag bringt neue Herausforderungen, Überraschungen und Lernmöglichkeiten, nicht nur für die Kinder, sondern auch für dich und deine Kolleg:innen. Plane gerne deine Aktivitäten, aber lass Raum für spontane Momente und Unvorhergesehenes. Im Fluss des Lebens ist Flexibilität der Schlüssel, der die starren Barrieren in wegbereitende Ströme verwandelt. Außerdem ist Flexibilität dein bester Begleiter, um Stress zu reduzieren (vgl. Wedewardt & Cantzler 2022). Damit ist die Fähigkeit gemeint, sich schnell an die wechselnden Bedürfnisse und Interessen der Kinder anzupassen.

Diese Flexibilität ermöglicht es dir, den Kindern einen abwechslungsreichen und vielfältigen Alltag zu bieten. Die Kinder werden auf diese Weise ermutigt, ihrer Neugier zu folgen. Flexibilität schafft ein Umfeld, das sowohl strukturiert als auch offen für Exploration ist. In solch einer Umgebung können die Kinder am besten die Welt kennenlernen und ihren Interessen nachgehen. So zeigst du den Kindern, dass es in Ordnung ist, vielfältige Erfahrungen zu machen, aus ihnen zu lernen und weiterzumachen. Diese Einstellung bereitet die Kinder nicht nur auf die Unvorhersehbarkeiten im Kindergarten, sondern auch auf die des Lebens vor.

Zudem hilft Flexibilität, Frustration sowohl bei den Kindern, deinen Kolleg:innen als auch bei dir selbst zu reduzieren. Wenn etwas nicht wie geplant läuft, ist es die Fähigkeit, schnell und gelassen umzudenken, die den Tag retten kann. Anstatt sich auf das zu konzentrieren, was nicht funktioniert, öffnet Flexibilität den Blick für alternative Wege und Lösungen. So können Herausforderungen in Chancen umgewandelt werden, aus denen wertvolle Lernerfahrungen entstehen.

Letztendlich ist es diese Flexibilität, die es ermöglicht, jeden Tag im Kindergarten zu einem einzigartigen und unvergesslichen Erlebnis zu machen. Diese Haltung lädt zu Kreativität und Innovation ein und macht die Kita zu einem Ort, an dem nicht nur die Kinder, sondern auch die Fachkräfte stetig lernen und wachsen. Es ist das Gleichgewicht zwischen Struktur und Freiheit, das den KiTa-Alltag so besonders und bereichernd macht.

„Wir können unser Leben planen wie wir wollen. Es kommt immer irgendetwas – meist von außen – dazwischen. Und dann ist auch Flexibilität gefragt."

KLAUS SEIBOLD

EXKURS

Strukturflexibilität

Stell dir vor, du bist ein Kapitän, der das Schiff durch die wechselhaften Meere der Kita steuert. Dein Schiff hat einen festen Fahrplan, doch du weißt, dass die See unberechenbar ist. Manchmal weht der Wind sanft und du kannst gemütlich deinem Kurs folgen. Doch plötzlich kann ein Sturm aufziehen – ein Kind braucht extra Aufmerksamkeit oder erzürnte Eltern tauchen auf. Jetzt ist es Zeit, die Segel neu zu setzen, vielleicht sogar einen Umweg zu fahren, um die Wellen sicher meistern zu können. Du behältst das Ziel im Auge, aber der Weg dorthin kann variieren. Du bist flexibel und reagierst auf die Bedingungen des Meeres, immer das Wohl deiner kleinen Passagiere im Herzen.

Kurzum: Strukturflexibilität im pädagogischen Alltag bedeutet, dass du zwar einen strukturierten Tagesablauf und feste Routinen hast, dennoch die Flexibilität besitzt, um auf individuelle Bedürfnisse und unvorhersehbare Situationen einzugehen.

TIPP

Was bedeutet das für die Arbeit im Kindergarten?

Kinder haben das innere Bedürfnis nach Vorhersehbarkeit. Die Strukturen bieten den Kindern Verlässlichkeit und Sicherheit. Im Kleinstkindalter ist das ganz besonders wichtig. Kinder benötigen Rituale und das Verständnis dafür, was auf sie zukommt. „Heute holt dich der Papa ab!", und dann steht da doch die Oma: „Der Papa hat es leider nicht geschafft!" und das Kind ist traurig, verzweifelt oder gar wütend. Zu Recht. Das Kind erlebt den ganzen Kita-Alltag mit dem inneren Bild, dass der Papa es bald in die Arme schließen wird und dann wird das Bild nach all der Wartezeit zerrissen.
Kinder spüren Sicherheit wenn sie den Tagesablauf visualisiert, immer zur eigenen Abfrage, in der Kita hängen haben

Schauen wir einmal bei deinen Begleiter:innen aus diesem Buch nach: Wie flexibel gestalten **Markus und Martha** ihren Alltag?

Markus versucht sich in Struktur(-Flexibilität)

Als Markus den Kindergartenraum für den Morgenkreis vorbereitet, schaut er kurz auf seine sorgfältig ausgearbeitete Liste mit Liedern und Spielen. „Gut, lasst uns mit ‚Alle meine Entchen' beginnen", sagt er mit fester Stimme. Einige Kinder, die unruhig auf ihren Kissen hin und her rutschen, rufen: „Wir wollen aber lieber draußen im Sandkasten spielen!" Markus schaut kurz auf und antwortet: „Jetzt ist Morgenkreiszeit, das Spielen draußen muss warten."
Anschließend verteilt Markus Papier und Stifte. „Wir machen heute alle eine Sonne", erklärt er. Ein Junge hebt seine Hand: „Ich möchte aber lieber ein Auto basteln." Markus, der auf seiner Anleitung beharrt, erwidert: „Heute machen wir alle das Gleiche, um zu lernen, wie man Sonnen malt."

Eine Mutter trifft mit ihrem Kind später als sonst in der Kita ein. Sie entschuldigt sich: „Ich hatte heut morgen einen wichtigen Termin." Markus reagiert leicht irritiert: „Ich verstehe, aber bitte versuchen Sie, pünktlich zu sein. Es ist wichtig für den Ablauf."
In der Teambesprechung am Ende des Tages spricht seine Kollegin Anna ihn an: „Markus, ich denke, wir sollten offen für Änderungen sein. Die Kinder hatten heute offensichtlich andere Bedürfnisse." Markus, der seine Unterlagen ordnet, antwortet: „Ich verstehe das, aber ich finde, Struktur ist sehr wichtig. Wir können nicht jeden Tag den Plan ändern." Ein anderer Kollege, Thomas, fügt hinzu: „Aber manchmal ist es doch wichtig, auf die spontanen Bedürfnisse der Kinder einzugehen." Markus nickt, bleibt aber unsicher und sagt: „Ich werde darüber nachdenken, aber ich bin nicht überzeugt, dass wir von unserem Plan abweichen sollten."

Markus neigt dazu, sich von unerwarteten Ereignissen aus dem Konzept bringen zu lassen. Er findet es schwierig, spontan auf Änderungen im Tagesablauf oder neue Anforderungen zu reagieren. Sein Ansatz, strikt einem vorgeplanten Tagesablauf zu folgen, stößt jedoch auf die dynamische Realität eines Kindergartentages.
Einer der Kernpunkte ist für Markus das Spannungsfeld zwischen Struktur und Flexibilität. Während Strukturen und Routinen in der Kita wichtig sind, um den Kindern ein Gefühl von Sicherheit und Vorhersehbarkeit zu geben, ist es ebenso entscheidend, auf deren spontane Bedürfnisse und Interessen einzugehen. Markus fester Plan lässt wenig Raum für spontane Aktivitäten oder die Berücksichtigung individueller Bedürfnisse, was zu Frustration und Desinteresse bei den Kindern führen kann.
Hier steht Markus vor einer der zentralen Herausforderungen im Kita-Alltag: der Balance zwischen Struktur und Flexibilität. Sein Verhalten während des Morgenkreises lässt erkennen, dass er Mühe hat, die Kinder dort abzuholen, wo sie stehen, und ihre individuellen Interessen und Wünsche zu berücksichtigen. Sein Umgang mit der verspäteten Mutter zeigt eine noch nicht ganz ausgeprägte Sensibilität für die Situation der Eltern und ein

Festhalten an Regeln ohne Berücksichtigung individueller Umstände. In der Interaktion mit seinen Kolleg:innen wird deutlich, dass Markus Schwierigkeiten hat, sich in das Team einzufügen und auf gemeinsame, flexiblere Ansätze einzugehen.
Dies könnte darauf hindeuten, dass Markus Unterstützung benötigt, um zu lernen, wie er besser auf spontane Situationen reagieren und effektiver im Team kommunizieren und kooperieren kann. Insgesamt spiegelt die Situation die Notwendigkeit für pädagogische Fachkräfte wider, sowohl strukturiert als auch flexibel zu agieren, um auf die Bedürfnisse aller Beteiligten im Kita-Alltag eingehen zu können.

Wie flexibel ist Martha in ihrem Alltag?

Martha probiert gerade ein Fingerspiel mit einigen Kindern aus, als plötzlich Max sein Spiel unterbricht und dazwischenplatzt. „Martha, schau, ich kann schon bis zehn zählen!“, ruft er aufgeregt. Martha wendet sich ihm zu und sagt mit einem Lächeln: „Das ist ja fantastisch, Max! Zeig uns doch allen, wie gut du das kannst.“
Später bittet eine Kollegin Martha, kurzfristig in einer anderen Gruppe auszuhelfen. Ohne zu zögern stimmt sie zu und sagt: „Natürlich, kein Problem. Wo soll ich hin?“ Gegen Ende des Tages kommt eine Mutter sichtlich gestresst in die Kita und entschuldigt sich für ihre Verspätung. „Es tut mir so leid, die Arbeit hat mich aufgehalten.“ Martha beruhigt sie: „Machen Sie sich keine Sorgen. Ich verstehe, dass manchmal alles auf einmal kommt. Ihr Kind war hier bestens aufgehoben.“

Marthas Umgang mit spontanen Veränderungen spiegelt ein tiefes Verständnis für die Bedürfnisse der Kinder wider und ihre Fähigkeit, darauf achtsam einzugehen. Ihre Bereitschaft, sich flexibel auf die sich ständig ändernden Umstände im Kindergarten einzulassen, ermöglicht es ihr, eine unterstützende, kreative und einladende Umgebung für alle Beteiligten zu schaffen. Dadurch erleichtert sie den Kindern das Lernen, fördert die Beziehung zu den Eltern und stärkt das Gemeinschaftsgefühl im Team.

TIPP

Drei Tipps für mehr Flexibilität im Umgang mit den Kindern

Durch Partizipation zur Sturkturflexibilität: Sei offen für spontane Änderungen im Tagesablauf. Deine Flexibilität gibt den Kindern das Gefühl, dass sie gesehen werden und ihre Bedürfnisse wichtig sind. Lass die Kinder bei Entscheidungen mitreden, wenn es um ihren Alltag, ihre Aktivitäten, Projekte oder Vorhaben geht. Die Einbindung fördert die Mitverantwortung der Kinder und nimmt dir den Druck, für alles eine Lösung parat haben zu müssen.

Weniger ist mehr – die Kraft der Entschleunigung: Verplane nicht den ganzen Kita-Tag, sodass du nicht mit den Kindern von Termin zu Termin hetzen musst. Biete viel Freiraum zur Selbstverwirklichung und beobachte die Kinder. Über die Zeit wist du so ein immer besseres Gespür für die Themen und Interessen der Kinder bekommen. Lass dich als Spielpartner:in in die Welt der Kinder einladen.

Anpassung durch Beobachtung: Beobachte die Kinder genau und sei bereit, deine Pläne ihren Reaktionen und Bedürfnissen anzupassen.

TIPP

Drei Tipps für mehr Flexibilität mit den Eltern und Familien

Verständnis für individuelle Bedürfnisse: Jede Familie hat ihre eigene Geschichte. Zeige Verständnis für diese Hintergründe und die individuellen Bedürfnisse. Erkenne an, dass Eltern oft viel um die Ohren haben. Biete zum Beispiel flexible Gesprächszeiten und -möglichkeiten an.

Ein flexibler Alltag als Willkommenskultur: „Der Morgenkreis muss um 9 Uhr beginnen!" Prima, solange es sich hierbei um ein Wahlangebot handelt. Doch was bedeutet ein fixer Termin um 9 Uhr für Familien, die mal oder immer etwas später kommen? Bestrafe nicht Familien und Kinder durch die Alltagsstrukturen. Je flexibler der Alltag gestaltet ist, desto mehr Druck nimmst du von den Familien und zeitgleich den Kindern, von dir und den Kolleg:innen.

Kultursensibilität für mehr Flexibilität: Die Familien in Kitas haben unterschiedliche kulturelle Hintergründe – national wie international. Es ist wichtig, diese Unterschiede zu respektieren und zu wertschätzen. Informiere dich über kulturelle Bräuche und sei offen für unterschiedliche Erziehungsansätze. Bilde dich über verschiedene Kulturen weiter und integriere dort übliche Feiern oder Traditionen in den Kita-Alltag. Frage Eltern nach ihren Bräuchen und wie diese im Kindergarten berücksichtigt werden können.

TIPP

Drei Tipps für mehr Flexibilität im Umgang mit deinen Kolleg:innen

Offene Kommunikation: Halte deine Kolleg:innen über (eventuelle) Änderungen im Tagesablauf auf dem Laufenden. Teile frühzeitig mit, wenn du Anpassungen vornimmst, um ein gutes Miteinander sicherzustellen. Biete deine Hilfe an und zeige Bereitschaft, bei Bedarf einzuspringen. Flexibilität bedeutet auch, sich gegenseitig zu unterstützen, um den Kita-Alltag reibungslos zu gestalten.

Kreativer Austausch: Teile Ideen für spontane Aktivitäten oder Anpassungen im Tagesablauf mit deinen Kolleg:innen. Gemeinsam könnt ihr neue Möglichkeiten erkunden und kreative Lösungen finden. Lade deine Kolleg:innen ein, bei der Planung von Aktivitäten oder Projekten zusammenzuarbeiten. Gemeinsame Brainstorming-Sessions können innovative Lösungen hervorbringen und den Teamgeist stärken.

Flexibilität als Wert leben: Lebe Flexibilität vor und zeige, wie wichtig es ist, sich auf neue Situationen einzulassen. Dein Beispiel kann Kolleg:innen inspirieren, flexibler im Umgang mit Veränderungen zu sein. Du musst nicht für jede Veränderung gleich eine Lösung parat haben. Manchmal dürfen wir eine Situation auch einfach annehmen und laufen lassen. Eine Lösung entsteht durch den Prozess (siehe dazu Kapitel 7.8).

8.3 KONFLIKTE? KEIN PROBLEM!

In der bunten Welt des Kindergartens, wo so viele (kleine) Persönlichkeiten aufeinandertreffen, sind Konflikte unvermeidlich. Sie sind Teil des täglichen Miteinanders und der Entwicklung. Sie entstehen, wenn unterschiedliche Bedürfnisse, Wünsche oder Perspektiven aufeinandertreffen. Kinder lernen durch Konflikte, ihre Emotionen zu verstehen, auszudrücken und zu regulieren. Gleichzeitig bieten Konflikte für uns Erwachsene die Chance, unsere Fähigkeiten im Bereich Konfliktmanagement zu verbessern

„Ziel eines Konfliktes oder einer Auseinandersetzung soll nicht der Sieg, sondern der Fortschritt sein."
JOSEPH JOUBERT

und den Kindern zu zeigen, wie Meinungsverschiedenheiten auf eine konstruktive Weise gelöst werden können.
Der Schlüssel liegt darin, Konflikte nicht als Hindernisse, sondern als Chancen zu sehen. Jeder Konflikt birgt das Potenzial, etwas Neues zu erschaffen – sei es ein tieferes Verständnis füreinander, verbesserte Kommunikationsfähigkeiten oder eine stärkere Gemeinschaft. Wie bei einem Legobauwerk, bei dem jeder Teil wichtig für das Ganze ist, so ist auch jeder Konflikt eine Gelegenheit, um gemeinsam zu wachsen.
Indem wir lernen, Konflikte konstruktiv anzugehen, erfahren wir: Unterschiede müssen nicht trennen, sondern aus dem Zusammenspiel unterschiedlicher Perspektiven kann etwas Neues und Schönes entstehen. So wie aus bunten Legosteinen fantastische Bauwerke entstehen, können wir aus Konflikten Wege zu Verständnis, Respekt und Zusammenhalt bahnen.
Du hast die Möglichkeit darüber zu entscheiden, ob ein Konflikt unter dem Tisch liegen bleibt oder ob du ihn offen und proaktiv auf den Tisch legen möchtest. Konflikte offen anzusprechen, auf den Tisch zu legen, konstruktiv und lösungsorientiert anzugehen erfordert nicht nur Mut, sondern auch Übung. Mit der Zeit wird es dir leichter fallen, und du wirst erkennen, dass das Auflösen von Konflikten dich und die anderen Beteiligten näher zusammenbringt und zu deinem persönlichen Wachstum beiträgt.
Lernen wir von unseren Begleiter:innen: Wie gehen **Markus und Martha** mit Konflikten um?

Markus, der Konfliktprofi?

Eines Morgens kommt Tom zu Markus gelaufen. Der Junge hält ein glänzendes Spielzeugauto in seinen Händen. „Schau, Markus! Mein Auto kann sogar die Türen öffnen!", ruft Tom begeistert. Markus, der gerade dabei ist, Unterlagen zu sortieren, wirft einen flüchtigen Blick auf Tom und sagt: „Das ist schön, Tom, aber ich muss jetzt weiterarbeiten." In diesem Moment kommt Anna, ein anderes Kind aus der Gruppe, dazu. „Ich will auch damit spielen!", sagt sie und greift nach dem Auto. Tom zieht es schnell weg und sagt: „Nein, es ist meins!" Markus, der den beginnenden Konflikt bemerkt, schaut kurz auf und sagt: „Ihr müsst lernen, miteinander zu teilen." Die Kinder beginnen, sich lauter zu streiten, und bald sind alle im Raum von ihrem Konflikt betroffen.

Am Nachmittag spricht ein Vater Markus an: „Ich mache mir Sorgen über die Snacks, die mein Sohn hier bekommt. Er verträgt nicht alles!" Bevor er jedoch ins Detail gehen kann, unterbricht Markus ihn: „Wir achten schon darauf, dass die Snacks gesund sind. Ich denke, es gibt kein Problem." Der Vater, sichtlich frustriert, schüttelt den Kopf und sagt: „Ich dachte, Sie würden mir zuhören..." Daraufhin verlässt er den Raum.

Am Abend, während der wöchentlichen Teamsitzung, schlägt Kollegin Anna vor, für das geplante Projekt Naturmaterialien zu sammeln. „Ich denke, es wäre toll, wenn die Kinder Blätter und Zweige verwenden könnten", sagt sie. Markus erwidert: „Das klingt nach viel Aufwand. Können wir nicht einfach Papier und Stifte verwenden?" Die Diskussion zwischen den beiden wird schnell hitziger, ohne dass eine Einigung in Sicht ist.

Markus weist in verschiedenen Situationen im pädagogischen Alltag ein Handlungsmuster auf, dass auf mangelnde Empathie und Flexibilität schließen lässt. Anstatt sich einen Moment Zeit zu nehmen, um Toms Interesse an seinem Auto zu würdigen und eine Verbindung zu ihm aufzubauen, setzt Markus seine Arbeit fort und verpasst damit die Gelegenheit, Selbstwertgefühl und Ausdrucksfreude des Jungen zu unterstützen.

Später, im Gespräch mit dem besorgten Vater, zeigt Markus erneut eine ähnliche Haltung. Anstatt auf dessen spezifische Bedenken einzugehen und ein offenes Ohr für das Anliegen zu haben, unterbricht er ihn und gibt eine allgemeine Antwort, die nicht die individuellen Bedürfnisse aufgreift. Während der Teamsitzung wird Markus› Widerstand gegenüber neuen Ideen deutlich. Anstatt Annas Vorschlag als kreative und bereichernde Möglichkeit zu erwägen, bleibt er skeptisch und bevorzugt den einfacheren Weg. Insgesamt zeigt Markus in diesen Beispielen eine Tendenz, routinemäßige und bequeme Wege zu wählen, anstatt empathisch und flexibel auf die Bedürfnisse und Anregungen von Kindern, Eltern und Kolleg:innen einzugehen. Dies kann für die Kinder zu einer wenig anregenden und kaum auf die individuellen Bedürfnisse zugeschnittenen Umgebung führen.

Martha, die Konfliktlöserin

In Marthas Gruppe gibt es an diesem Morgen einen kleinen Zwischenfall. Leo ist sichtlich verärgert, weil Mia, ein anderes Kind in der Gruppe, mit seinem Lieblingsspielzeugauto spielt, ohne ihn zu fragen. Martha, die den aufkommenden Konflikt bemerkt, geht zu den Kindern, um sie zu unterstützen.

Sie setzt sich auf Augenhöhe zu Leo und Mia: „Leo, ich sehe, du bist gerade sehr aufgebracht. Kannst du mir erzählen, was los ist?" Leo, mit Tränen in den Augen, antwortet: „Mia spielt mit meinem Auto, aber ich hatte es zuerst und wollte noch damit spielen." Martha wendet sich Mia zu: „Mia, hörst du, wie Leo sich fühlt? Er ist traurig, weil er auch gerne mit dem Auto spielen möchte."

Martha nimmt sich einen Moment Zeit, um die Situation zu bewerten, und sagt dann: „Was denkt ihr, wie wir dieses Problem lösen können, sodass ihr beide zufrieden seid?" Leo schlägt vor: „Vielleicht könnte ich das Auto zuerst benutzen und es dann an Mia weitergeben?" Mia nickt

und fügt hinzu: „Und dann könnte ich es dir zurückgeben, wenn ich fertig bin!" „Das klingt nach einer großartigen Lösung!", sagt Martha. „Es freut mich zu sehen, wie ihr beide das Problem gelöst habt."
Später am Tag beschwert sich eine Kollegin über das Chaos im Gruppenraum. Martha hört aufmerksam zu. „Ich verstehe, dass dich das stört", sagte sie dann. „Lass uns gemeinsam überlegen, wie wir den Gruppenraum besser organisieren können." Durch das offene Gespräch finden sie eine Lösung, die beiden Seiten gerecht wird. Gegen Ende des Tages kommt ein Vater auf Martha zu. „Ich mache mir Sorgen wegen der Snacks für mein Kind." Martha hört zu und antwortet dann: „Ich verstehe Ihre Bedenken. Lassen Sie uns zusammen eine Lösung finden, die für Ihr Kind passt." Sie planen ein ausführlicheres Gespräch, um die Angelegenheit zu klären.

Durch Marthas einfühlsame und proaktive Vorgehensweise entsteht in den verschiedenen Situationen eine Atmosphäre des Verständnisses und der Kooperation. Martha unterstützt die Kinder dabei, ihre Gefühle zu verstehen und selbst Lösungen zu finden, und stärkt dadurch die sozialen Fähigkeiten und das Selbstbewusstsein der Kinder.

„Wenn du ein Problem hast, versuche es zu lösen. Kannst du es nicht lösen, dann mache kein Problem daraus."

BUDDHA

TIPP

Drei Tipps im Umgang bei Konflikten mit den Kindern

Empathisches Zuhören: Höre den Kindern aufmerksam zu, wenn sie ihre Anliegen äußern. Sie wollen gehört und ernstgenommen werden.

Gemeinsame Lösungen finden: Ermögliche den Kindern, an der Lösung von Konflikten aktiv teilzunehmen. Gemeinsames Brainstorming fördert ihre sozialen Fähigkeiten.

Spiegeln statt bewerten: Unterstütze die Kinder dabei, ihre Emotionen zu erkennen und angemessen auszudrücken und mit Wut oder Enttäuschung umzugehen.

TIPP

Drei Tipps im Umgang bei Konflikten mit Kolleg:innen

Proaktiv statt reaktiv: Gehe in Konfliktsituationen offen auf den/die anderen zu und lege deine Sichtweise dar. Gemeinsame Lösungen können nur gefunden werden, wenn die Probleme angesprochen werden.

Bedürfnisse verstehen: Versuche, Konflikte auch aus der Perspektive des anderen zu betrachten. Oftmals gibt es Missverständnisse, die durch Offenheit und gute Kommunikation aufgelöst werden können.

Erwartungen und Wünsche benennen: Konflikte entstehen nicht nur aus unerfüllten Bedürfnissen, sondern auch durch unausgesprochene Erwartungen und Wünsche. Versuche, die Ursachen zu benennen, und biete deinem Gegenüber die Möglichkeit, seine Wünsche und Erwartungen an dich oder die Situation aufzuzeigen. Bitte dann nicht persönlich nehmen!

TIPP

Drei Tipps für den Umgang bei Konflikten mit Eltern und Familien

Prävention statt Reaktion: Wenn ein Konflikt entsteht, sprich das Thema frühzeitig und offen an. Suche das Gespräch mit den betroffenen Eltern, um Missverständnisse aus dem Weg zu räumen. Halte die Eltern über den Verlauf der Konfliktlösung auf dem Laufenden. Dieses transparente Verhalten zeigt, dass du den Konflikt ernstnimmst und aktiv daran arbeitest, ihn zu lösen.

Anliegen der Familien ernst nehmen: Höre den Eltern aufmerksam zu, wenn sie ihre Sorgen und Bedenken schildern – ohne zu unterbrechen. Zeige Empathie für ihre Perspektive und lass sie spüren, dass ihre Meinung wichtig ist. Statt nach Schuldigen zu suchen, fokussiert euch gemeinsam auf Lösungen. Arbeitet an einem Kompromiss, der für alle Seiten akzeptabel ist.

Grenzen aufzeigen: Setze klare Grenzen für einen respektvollen Umgang. Erwarte und fordere von allen Beteiligten, dass der Konflikt sachlich und ohne persönliche Angriffe behandelt wird. Konflikte müssen nicht immer sofort bearbeitet werden; einen zeitnahen Termin anzubieten, an dem sich alle auf das Thema gut konzentrieren können, schafft Raum für Entspannung und ist ein Zeichen von Professionalität.

EXKURS

Kommunikationstechniken Nach Carl R. Rogers

Paraphrasieren

Formuliere dabei die Aussage des/der Absenderin in eigenen Worten genau so um, wie du sie verstanden hast. Es ist sehr wichtig, das Gesagte nicht einfach zu wiederholen. So kann dein Gegenüber erkennen, ob der Inhalt von dir richtig verstanden wurde. Diese Technik kann besonders nützlich sein, um Aussagen von Fragen zu unterscheiden.

Verbalisieren

Die Gefühle einer anderen Person werden reflektiert. Die Gefühle, die die/der Absender:in vermittelt, sind in deine Worte gepackt. Beispiel: Ich sehe, du bist verärgert/glücklich usw.

Nachfragen

Frage erneut nach, um eine Aussage zu klären. Gerade bei Arbeitsaufträgen oder einem gemeinsamen Projekt ist das Nachfragen sehr wichtig, um zu sehen, ob beide Seiten das gleiche Ziel haben. Zudem können sich überschneidende Arbeiten aufgrund von Missverständnissen vermieden werden.

Zusammenfassen

Fasse die von der/vom Absender:in erhaltenen Informationen kurz zusammen. Wenn es beispielsweise darum geht, einen Arbeitsablauf zu planen oder Probleme zu lösen, ist es wichtig, das Gesagte am Ende zusammenzufassen. Auf diese Weise gibst du der anderen Person die Möglichkeit, etwas hinzuzufügen oder zu ändern, das die/den Empfänger:in nicht erreicht hat.

Unklarheiten aufklären

Wenn wir uns lange intensiv mit einem Thema beschäftigt haben, überschätzen wir manchmal das Wissen anderer. Dies muss nicht bewusst geschehen, sondern Dinge, die uns in diesem Moment selbstverständlich erscheinen, werden bei den Erklärungen einfach weggelassen. Diese Lücken verwirren unsere Zuhörer:innen und das gesprochene Wort wird unklar. Dies ist die Zeit für die/den Zuhörer:in, nachzufassen und erneut zu fragen.

Hinweis:

Denke bei der Anwendung dieser Techniken immer daran, dass du einige dieser Methoden auch übertreiben kannst. Du solltest während des Gesprächs auf jeden Fall aufrichtig bleiben. Es hat keinen Sinn, jeden Satz zu wiederholen oder nach jeder Kleinigkeit zu fragen, wenn es nicht wirklich wichtig ist.

8.4 KREATIVITÄT UND FANTASIE KENNEN KEINE GRENZEN

Ihr werdet zu Maler:innen, Forscher:innen, Entdecker:innen und Geschichtenerzähler:innen, Problemlöser:innen und Krisenmanager:innen. Kreativität und Fantasie spielen in der Kita eine wichtige Rolle. In diesem bunten und lebendigen Umfeld hast du die einzigartige Chance, jeden Tag aufs Neue die Welt durch die Augen der Kinder zu sehen und gemeinsam mit ihnen auf eine Reise voller Wunder und Entdeckungen zu gehen. Du wirst sehen, wie deine Ideen und Visionen die Neugier der Kinder wecken und ihnen dabei helfen, die unendlichen Möglichkeiten ihrer eigenen Vorstellungskraft zu erkunden.

Jedes Lächeln, jede Frage, jeder staunende Blick ist ein Zeichen dafür, dass ihr es geschafft habt, eine Brücke zu bauen zwischen der Welt der Erwachsenen und der magischen Welt der Kinder. Deine Rolle als Gestalter:in dieser kleinen sowie großen Abenteuer ist unersetzlich. Erinnere dich daran, dass jede Farbe auf einem Blatt Papier, jedes Lied, das ihr singt, und jede Geschichte, die du erzählst, Spuren hinterlassen. Du gibt den Kindern Werkzeuge an die Hand, mit denen sie lernen zu träumen, zu denken und zu sein.

Lassen wir uns inspirieren: Wie setzten **Markus und Martha** ihre Kreativität und Fantasie im Alltag um?

„Kreativität ist die Kraft, das scheinbar Unverbundene zu verbinden."

WILLIAM PLOMER

Markus, der kreative Kopf?!

Im Laufe des Tages kommen mehrere Kinder auf Markus zu: „Markus, liest du uns bitte die Geschichte vom Wal und der Kröte vor? Die ist so spannend!" Markus nimmt das Buch entgegen und beginnt vorzulesen: „Das ist Wali, der kleine Pottwal ..." Markus liest etwas monoton und mit wenig Motivation. Die Kinder werden zunehmend unruhiger und fangen an, sich nach vorne zu drängeln: „Ich kann nichts sehen! Lass mich vor!" Markus versucht, die Kinder zu beschwichtigen, um die Geschichte zu Ende lesen zu können. Er kann sich nicht erklären, wie diese plötzliche Unruhe zustande gekommen ist.

Während eines Gesprächs schlägt eine Mutter Markus vor, eine Upcycling-Aktion zu starten. Markus meint: „Upcycling? Ich kann mir nicht vorstellen, dass die Kinder das wollen. Ich bin außerdem nicht sicher, ob wir das so umsetzen können." Die Mutter erklärt Markus den Begriff Upcycling genauer und versucht, ihn zu ermuntern, die Elternvertreter:innen und interessierte Familien ins Boot zu holen. Markus lehnt jedoch ab und sagt: „Das kann ich gar nicht entscheiden."

In seiner Pause sitzt Markus vor einer Aufgabe aus seinem Seminar an der Fachschule. Ihm fällt partout keine Lösung dafür ein, wie er mit den Kindern das Thema Wasser besprechen und angehen soll. Eine Kollegin sieht Markus' verzweifelten Gesichtsausdruck und fragt: „Hey Markus, was ist los? Du siehst relativ unglücklich aus." Langsam hebt Markus den Kopf und erzählt ihr von seiner Aufgabe. Britta rät ihm: „Frag doch mal morgen Abend in der Teamsitzung nach Ideen. Ich weiß, dass Tim und Sarah total gerne forschen und experimentieren." Markus überlegt kurz und lehnt das Angebot dann mit folgenden Worten ab: „Was sollen mir die anderen denn helfen? Ich muss selbst auf eine Lösung kommen."

In seiner Rolle als angehende pädagogische Fachkraft befindet sich Markus offensichtlich noch in einer Lern- und Anpassungsphase. Während des Vorlesens zeigt sich, dass er noch daran arbeitet, eine dynamische und interaktive Vorlesemethode zu entwickeln, die die Kinder fesselt und ihre

Aufmerksamkeit aufrechterhält. Seine eher monotone Vortragsweise spiegelt möglicherweise Unsicherheiten im Umgang mit kindgerechter Kommunikation wider.
Beim Vorschlag der Mutter zeigt Markus eine gewisse Zurückhaltung, was auf eine zu entwickelnde Offenheit für kreative Ideen von Eltern hindeutet. Es scheint, dass er noch dabei ist, seine Fähigkeiten in der Zusammenarbeit mit Eltern zu stärken. Ebenso arbeitet Markus noch an der Entwicklung seiner Teamfähigkeit und seiner Kompetenz, Unterstützung anzunehmen. Diese Aspekte sind entscheidend für eine erfolgreiche pädagogische Praxis, da sie nicht nur den Austausch von Ideen und Erfahrungen, sondern auch die gemeinsame Gestaltung einer bereichernden Lernumgebung für die Kinder fördern.
Insgesamt zeigt sich, dass Markus auf dem Weg ist, sich wichtige pädagogische Kompetenzen anzueignen. Die bisherigen Herausforderungen können als wertvolle Lerngelegenheiten gesehen werden, um seine Fähigkeiten und sein Selbstvertrauen in seiner Rolle als Erzieher zu stärken.

Martha, das Kreativ-Ass

Martha steht inmitten einer Gruppe von neugierigen Kindern. „Ich möchte eine Geschichte über einen fliegenden Dinosaurier", ruft ein Junge. Martha nickt und schlägt vor: „Lasst uns eine Geschichte erschaffen, für die jeder von euch einen eigenen Dinosaurier-Charakter erfindet." Sie geht von Kind zu Kind, und jedes trägt eine fantasievolle Idee bei, während Martha die Geschichte lebendig werden lässt.
Im Gespräch mit einem Vater, der begeistert ein Gartenprojekt vorschlägt, holt Martha ihren Kalender hervor. „Das klingt nach einer tollen Idee! Ich könnten mir einmal pro Woche einen Gartentag vorstellen. Die Kinder könnten ihre eigenen Pflanzen züchten und mehr über die Natur lernen. Ich nehme die Idee mit ins Team und gebe Ihnen die kommenden Tage eine Rückmeldung." Inspiriert von der Idee des Vaters skizziert

Martha im Teamzimmer einen Bereich im Garten mit verschiedenen Wasserbehältern und Spielzeugen, der die Kinder dazu einladen soll, sinnliche und ganzheitliche Naturerfahrungen sammeln zu können. Eine Kollegin schaut Martha interessiert über die Schulter: „Wir könnten auch ein Regenwassersammelsystem einbauen, um den Kindern nachhaltige Praktiken zu zeigen. Lass uns deine Ideen in die Teamsitzung nehmen, damit wir gemeinsam überlegen, wie wir deine Gedanken umsetzen können. Vielleicht haben die anderen auch noch Vorschläge dazu?" Martha freut sich über das Interesse.

Martha regt die Kinder zur aktiven Beteiligung und zum Mitgestalten von Geschichten an, indem sie sie ermutigt, eigene Charaktere zu erfinden. Dies fördert die Fantasie und Kreativität der Kinder. Sie nimmt die Idee des Vaters zu einem Gartenprojekt auf und plant, es in den Alltag zu integrieren, um den Kindern praktisches Lernen über die und mit der Natur zu ermöglichen. Martha bringt nicht nur ihre Ideen aktiv ins Team ein und ist offen für die Vorschläge ihrer Kolleg:innen, sondern ermöglicht so einen gemeinsamen und kreativen Prozess im Team.

„Fantasie ist wichtiger als Wissen. Denn das Wissen ist begrenzt, während die Vorstellungskraft die ganze Welt umfasst, den Fortschritt anregt und die Evolution hervorbringt."

ALBERT EINSTEIN

TIPP

Drei Tipps für mehr Kreativität mit den Kindern

Freiraum für Selbstausdruck: Gib den Kindern die Möglichkeit, ihre Kreativität auszuleben, sei es beim Malen, Basteln oder im freien Spiel. Kinder haben manchmal unkonventionelle Ansichten. Lass dich von ihren Ideen inspirieren und unterstütze ihre Fantasie.

Materialvielfalt nutzen: Stelle eine Vielzahl von Materialien zur Verfügung, die die Kinder für ihre kreativen Projekte nutzen können. Lass sie experimentieren und entdecken. Naturmaterialien bieten sich dabei ganz besonders an.

Der Weg ist das Ziel: Lobe nicht das Ergebnis, sondern hebe den Prozess hervor. Gib den Kindern das Gefühl, dass ihre Anstrengungen gesehen und geschätzt werden. Diese Anerkennung hat nichts mit Lob zu tun. Ermögliche den Kindern bei Projekten sowohl für sich allein als auch in Gruppen zu arbeiten. Gemeinsames Schaffen fördert Verbundenheit und soziale Interaktion.

TIPP

Drei Tipps für mehr Kreativität mit Eltern und Familien

Gemeinsame Kreativprojekte: Lade die Familien dazu ein, an Projekten aktiv und kreativ teilzunehmen. Organisiere zum Beispiel Familienbasteltage oder Workshops, bei denen Eltern und Kinder zusammen etwas erschaffen können.

Co-Working als Synergie: Wenn du oder dein Team mal nicht weiter weiß, seid euch nicht zu schade, die Familien nach einem Tipp oder Unterstützung zu fragen. Ermutige die Familien dazu, ihre eigenen kreativen Ideen mit dir zu teilen. Gemeinsam könnt ihr neue Aktivitäten oder

Projekte entwickeln, die sowohl im Kindergarten als auch zuhause umgesetzt werden können. So gelangt ihr zu mehr Leichtigkeit, Vertrauen und gegenseitiger Unterstützung.

Kreativität als Anker für Verbundenheit: Schaffe Gelegenheiten für die Familien, gemeinsam kreative Momente zu erleben. Spiele, Kunst, Kultur, Feste und Musik können dazu beitragen, die Beziehung zwischen den Familien und der Kita zu stärken. Themen-Elternabende, Eltern-Cafés, Hospitationen, gemeinsame Projekte, Begleitungen oder Familien-Workshops stellen geeignete Veranstaltungsformen dar. Die Vielfalt im Kindergarten bietet die Möglichkeit, auch nach Gemeinsamkeiten zu schauen und dadurch Verbundenheit zu schaffen.

TIPP

Drei Tipps für mehr Kreativität mit deinen Kolleg:innen

Gegenseitige Inspiration: Teile deine kreativen Ideen mit deinen Kolleg:innen. Ihr könnt voneinander lernen und euch gegenseitig inspirieren. Anerkennung für alle kreativen Beiträge im Team ist wichtig. Würdige die Ideen der Kolleg:innen und blocke nicht ab, wenn du die Realisierung noch nicht absehen kannst.

Brainstorming: Setzt euch als Team zusammen und führt Brainstorming-Sessions durch. Lasst eurer Fantasie freien Lauf und entwickelt innovative Ideen. Plant gemeinsame kreative Projekte, bei denen ihr eure Fähigkeiten kombinieren könnt. Das fördert den Teamgeist und macht Spaß.

Vertrauen und Annahme: Vertraue auf die Erfahrungen deiner Kolleg:innen. Stell dir Kreativität und Erfahrung in deinem Team als einen bunten Blumenstrauß vor: Ihr nehmt euch dann die Blumen, die zu euren Ideen am besten passen.

8.5 DEIN GEHEIMREZEPT: SELBSTFÜRSORGE

Ja, du bist (angehende) pädagogische Fachkraft, aber vor allem bist du ein Mensch – mit eigenen Bedürfnissen, Wünschen und Träumen. In der Hektik des Alltags und durch die Verantwortung, die deine Rolle mit sich bringt, kann es leicht passieren, dass du dich selbst vergisst. Doch ist es von entscheidender Bedeutung, dass du dir bewusst Zeit nimmst für das, was dir Freude bereitet und dich erfüllt. Seien es deine Interessen, Hobbys oder einfach nur Momente der Ruhe und des Innehaltens – all das ist kein Luxus, sondern essenziell für deine psychische und physische Gesundheit.

Selbstfürsorge spielt eine zentrale Rolle, um in der Kita nicht nur zu funktionieren, sondern mit Freude und Engagement dabei zu sein. Wenn du für dich selbst sorgst, spüren das auch die Kinder und dein Gegenüber. Deine positive Energie, dein Lächeln und deine Gelassenheit übertragen sich auf die Atmosphäre im Raum und auf alle Anwesenden. Dein ausgeglichenes und zufriedenes Ich bildet das Fundament, auf dem du die Herausforderungen und Freuden deines Berufsalltags meistern kannst.

Denke daran: Geht es dir gut, strahlst du dies auch aus – unweigerlich. Dieser Glanz in deinen Augen, wenn du von etwas erzählst, das dich begeistert, die Ruhe, mit der du auch in stürmischen Zeiten agierst, und die Geduld, mit der du den Kindern begegnest – all das hat seinen Ursprung in deinem Wohlbefinden. Deine Fähigkeit, Achtsamkeit und Fürsorge in deiner Arbeit einfließen zu lassen, schafft eine Umgebung, in der sich Kinder geborgen fühlen, wachsen und gedeihen können.

> „Wenn du ‚ja' sagst, dann sei dir sicher, dass du nicht ‚nein' zu dir selbst sagst!"
>
> PAULO COELHO

Also, nimm dir die Zeit, die du brauchst, um auf dich zu achten. Vergiss bitte nie: Du bist das wertvollste Instrument, das du in deinem beruflichen Alltag einsetzt. Pflege es mit der gleichen Hingabe und Liebe, mit der du dich täglich deiner Arbeit widmest.

Lass uns nun schauen: Wie gehen **Markus und Martha** mit sich selbst in ihrem Berufsalltag um?

Markus und der Stress

Markus steht an diesem Mittwochmorgen im Sportraum der Kita. Er soll eine kleine Gruppe betreuen, doch die Kinder sind voller Energie; jeder und jede scheint etwas anderes zu wollen. Ein Mädchen mit blonden Zöpfen stürzt plötzlich und beginnt laut zu weinen. Gleichzeitig entbrennt ein Streit zwischen einigen Jungen um einen Fußball, und ein anderes Kind, ein kleiner Junge mit einer Brille, ruft immer wieder: „Ich will den Hula-Hoop-Reifen!"

Markus fühlt sich überwältigt und gestresst. Er versucht, alles gleichzeitig zu managen: „Hey, alles ist in Ordnung", sagt er zu dem weinenden Mädchen, während er versucht, die Jungen vom Streiten abzuhalten. „Lasst uns den Ball teilen, okay?" Doch seine Worte scheinen in dem Lärm unterzugehen.
Zur Mittagszeit in der Teamsitzung verhält sich Markus still und in sich gekehrt. Seine Kollegin Britta bemerkt seine niedergeschlagene Stimmung und fragt: „Markus, du wirkst heute irgendwie abwesend. Ist alles in Ordnung?" Markus zögert einen Moment und antwortet dann: „Ach, es ist nichts. Ich muss das schon selbst hinkriegen."
Am späten Nachmittag kommt es zu einem schwierigen Elterngespräch. Eine Mutter konfrontiert Markus direkt: „Meine Tochter ist heute Vormittag gestürzt. Was ist da passiert?" Markus spürt, wie die Anspannung in ihm wächst. Statt ruhig zu bleiben, reagiert er defensiv: „Es war heute Morgen sehr chaotisch im Sportraum. Ich kann doch nicht überall gleichzeitig sein." Die Mutter wirkt verärgert und enttäuscht: „Ich verstehe, dass es stressig sein kann, aber Sie müssen doch auf die Kinder aufpassen." Markus fühlt sich in die Enge getrieben: „Ich tue mein Bestes, aber bei so vielen Kindern kann ich nicht überall sein. Und außerdem ist ihre Tochter selber schuld. Sie sollte da noch nicht hochklettern." Noch bevor die Situation eskalieren kann, geht seine Kollegin Britta dazwischen und übernimmt für Markus.

Markus fühlt sich von der Energie und den unterschiedlichen Bedürfnissen der Kinder überwältigt. Als (angehende) pädagogische Fachkraft ist es entscheidend, Strategien zum Stressmanagement zu entwickeln. Markus scheint Schwierigkeiten zu haben, Prioritäten zu setzen und auf die einzelnen Vorfälle angemessen zu reagieren. Anstatt zu versuchen, alle Probleme gleichzeitig zu lösen, hätte er sich auf das dringendste Bedürfnis konzentrieren können und danach die anderen Konflikte schrittweise angehen.
Während der Teamsitzung zeigt Markus eine zögerliche Haltung, seine Probleme anzusprechen und Unterstützung zu suchen. In einem funktionierenden Kita-Team sollten offene Kommunikation und gegenseitige Unterstützung eine Selbstverständlichkeit sein. Markus teilt seine Herausforderungen nicht und verhindert so, dass er die Hilfe seiner Kolleg:innen bekommt, die möglicherweise wertvolle Perspektiven oder Lösungsansätze bieten könnten.
Im Gespräch mit der Mutter reagiert Markus defensiv und schiebt die Schuld teilweise auf das Kind. Dies zeigt eine mangelnde professionelle Haltung. Als Fachkraft sollte Markus ruhig und empathisch bleiben, um das Anliegen der Mutter zu verstehen und adäquat darauf zu reagieren. Seine defensive Haltung könnte das Vertrauensverhältnis zwischen ihm, dem Kind und der Familie beeinträchtigen.
Markus scheint Schwierigkeiten zu haben, aus den Ereignissen zu lernen und sein Verhalten entsprechend anzupassen. Selbstreflexion ist ein wesentlicher Bestandteil der professionellen Entwicklung in der Pädagogik. Die Fähigkeit, das eigene Handeln zu reflektieren, daraus zu lernen und es in zukünftigen ähnlichen Situationen besser zu machen, ist entscheidend.
Die Situation mit der Mutter eskaliert beinahe, bevor Britta eingreift. Markus hätte von Anfang an seine Kollegin um Unterstützung bitten können, insbesondere, wenn er spürt, dass er in einer schwierigen Situation überfordert ist. Delegation und das Annehmen von Hilfe sind wichtige Fähigkeiten, die zur Vermeidung von Eskalation und zur Aufrechterhaltung einer positiven Arbeitsatmosphäre beitragen.

Wie achtsam geht Martha mit sich um?

Martha steht an einem hektischen Donnerstagmorgen vor einer Gruppe aufgeregter Kinder. Heute ist der Tag, an dem das gemeinsame Kunstprojekt starten soll. Die Kinder sind voller Energie und bringen eine Vielzahl an Ideen ein. Martha spürt die lebhafte Atmosphäre, bleibt aber ruhig und gelassen.

Als ein Junge plötzlich stolpert und zu weinen beginnt, geht Martha gleich zu ihm, kniet sich hin und spricht beruhigend mit ihm: „Ist alles in Ordnung? Du bist gestürzt und hast dir wehgetan. Ich bin für dich da. Lass uns die Stelle, die dir wehtut, gemeinsam kühlen." Ihre ruhige Art überträgt sich auf den Jungen, und er beruhigt sich schnell.

Gleichzeitig bemerkt Martha, dass zwei Mädchen sich um Farben streiten. Sie nähert sich ihnen und sagt: „Ich sehe, ihr beide möchtet die gleiche Farbe benutzen. Wie können wir das Problem lösen?" Sie hört den Mädchen aufmerksam zu und gemeinsam finden sie eine Lösung, die die beiden zufriedenstellt.

In der Mittagspause nutzt Martha die Zeit für sich. Sie geht nach draußen, atmet tief durch und genießt die frische Luft. Diese kleinen Pausen sind für sie essenziell, um den Kopf freizubekommen und neue Energie zu tanken. „Ein paar Minuten Ruhe tun mir immer gut", denkt sie.

Während der Teamsitzung am Nachmittag bringt Martha ein schwieriges Thema zur Sprache: „Ich habe heute Morgen gemerkt, dass die Begleitung des Kunstprojekts für mich alleine eine Nummer zu groß ist. Hat jemand von euch Ideen, wie wir etwas an der Situation ändern könnten?" Die Kolleg:innen schätzen ihre offene Art und bringen sich mit verschiedenen Vorschlägen ein.

Später am Tag führt Martha ein Elterngespräch. Eine Mutter ärgert sich, weil ihr Sohn seine Kleidung beim Kunstprojekt verschmutzt hat. Martha hört aufmerksam zu und antwortet: „Ich verstehe Ihren Ärger. Ich stimme Ihnen vollkommen zu. Ich habe bei der Planung des Projekts diesen Aspekt völlig außer Acht gelassen. Wir haben aktuell keine Kittel oder alten T-Shirts da. Könnten Sie die Elternvertreter:innen bitten, einen Aufruf in ihrer Gruppe zu starten, damit alle Kinder bitte ein altes T-Shirt von zuhause mitbringen." Weil sie den Ärger der Mutter nicht emotional an sich heranlässt, sondern professionell und sachlich betrachtet, hilft Martha dabei, eine Lösung für das Problem zu suchen. Sie spiegelt das Anliegen an die Mutter zurück und bindet sie aktiv in die Lösung ein.

Das Fallbeispiel zeigt, wie Martha in ihrem Berufsalltag aktiv Selbstfürsorge betreibt, ohne ihre Verantwortung abzugeben. Sie bleibt in stressigen Situationen ruhig und gelassen, nutzt Pausen für sich selbst und setzt klare Grenzen, um sich nicht zu überfordern. Martha versteht, dass Selbstfürsorge ein wesentlicher Bestandteil ihrer Arbeit ist, um sowohl für sich selbst als auch für die Kinder und Familien, mit denen sie arbeitet, das Beste geben zu können.

TIPP

Drei Tipps für mehr Selbstführsorge im Umgang mit den Kindern

Lerne das Tauchen: Die grundlegende Säule beim Tauchen ist die Atmung. Das Erste, was du in einem Tauchkurs beigebracht bekommst, besteht darin, den Atem unter Wasser nie anzuhalten, sondern ruhig weiter zu atmen. Wenn du spürst, dass eine (starke oder negative) Emotion in dir aufsteigt, nimm dir einen Moment Zeit, um tief durchzuatmen. Die Konzentration auf den Atem kann helfen, Emotionen zu beruhigen und Distanz zu schaffen.

PFP – Positiven Fokus pflegen: Erinnere dich an positive Erfahrungen und versuche, in herausfordernden Momenten eine Perspektive des Lernens und Wachsens einzunehmen. Richte deinen Fokus auf die positiven Eigenschaften der Kinder und die positiv besetzten, gemeinsamen

Momente im Alltag. Feiere die kleinen Erfolge. Dankbarkeit kann deine Perspektive verändern. Sie wird dir Kraft, Optimismus und Freude spenden.

Bewegter Alltag: Baue kleine Bewegungsphasen in deinen Alltag ein, sowohl für die Kinder als auch für dich selbst. Gehe in deiner Pause an die frische Luft. Denk immer daran: Bewegung setzt das Glückshormon Dopamin frei und ist stressreduzierend.

TIPP

Drei Tipps für mehr Selbstfürsorge im Umgang mit deinen Kolleg:innen

Feedback einholen: Sprich regelmäßig mit deinen Kolleg:innen über besondere Situationen oder Herausforderungen. Oft verfügen sie über hilfreiche Perspektiven oder Lösungen, die du noch nicht in Betracht gezogen hast.

Aktive Unterstützung: Bietet einander Hilfe an. Gemeinsam könnt ihr Herausforderungen leichter bewältigen. Sich aus einer Situation herausnehmen zu können, kann oft Wunder wirken. Es ist schlimm, eine stressbehaftete Situation über einen längeren Zeitraum aushalten zu müssen und keine Alternativen zu haben.

Grenzen setzen: Klare Grenzen sind essenziell, um die Balance zwischen beruflichen Anforderungen und persönlicher Selbstfürsorge zu halten. Kommuniziere deine Arbeitszeiten und sei mutig genug, auch einmal „Nein" zu sagen, wenn es um zusätzliche Aufgaben geht. Denn:

Wer klare Grenzen setzen kann, mit dem wird besser umgegangen. Ein „Nein" ist kein Beziehungsabbruch (vgl. Sasse 2023).

TIPP

Drei Tipps für ausreichend Selbstführsorge im Umgang mit Eltern und Familien

Zeit für Reflexion: Nimm dir regelmäßig Zeit, um über deine eigenen Bedürfnisse und Gefühle nachzudenken. Wie fühlst du dich im Umgang mit Eltern? Was könntest du verbessern? Diese Reflexion hilft dir, deine Emotionen zu verarbeiten.

Delegieren und Unterstützung annehmen: Du musst nicht alles alleine bewältigen. Nutze die Unterstützung von Familien. Delegiere in Absprache mit deinem Team kleinere Aufgaben, um deine Belastung zu reduzieren.

Emotionale Distanz wahren: In manchen Situationen ist es wichtig, eine gewisse emotionale Distanz zu wahren. Dies schützt dich vor emotionaler Erschöpfung und ermöglicht es dir, professionell und möglichst objektiv zu bleiben.

8.6 FÜR ALLES GIBT ES EIN ERSTES MAL

Du wirst als (angehende) pädagogische Fachkraft unweigerlich früher oder später vor deinen ersten großen Aufgaben in der Kita stehen. Das können zum Beispiel Entwicklungsgespräche, Eingewöhnungen, die Gestaltung von Angeboten und Projekten, die Begleitung des Morgenkreises oder das Wickeln der Kinder sein. Doch keine Sorge: Du bist nicht allein auf deinem Weg. Mit den richtigen Vorbereitungen und einer positiven Einstellung zu „Fehlern" als Helfer und Lernchance wirst du diese Herausforderungen meistern. Hier zeigen wir dir fünf Schritte, die dir dabei helfen, dich auf deine ersten Male vorzubereiten und sie erfolgreich zu gestalten:

INFO

Fünf Schritte zur Vorbereitung auf deine „ersten Male"

Schritt 1 – Ist-Stand Analyse: Beginne mit einer gründlichen Einarbeitung in die jeweilige Thematik. Versuche, die Philosophie, die Haltung und die Bedeutung hinter jeder Aufgabe zu verstehen. Achte darauf, die wesentlichen Punkte und Ziele klar zu erfassen. Lies dich ein in die Themen/Aufgaben und gehe mit deinen Kolleg:innen darüber ins Gespräch.

Schritt 2 – Beobachten und Lernen: Nutze die Gelegenheit, zunächst als Beobachter:in zu agieren. So kannst du die Abläufe und Prozesse verstehen und von erfahrenen Kolleg:innen lernen. Achte darauf, wie sie interagieren, kommunizieren und auf verschiedene Situationen reagieren.

Schritt 3 – Reflexion und Feedback: Nach jeder Beobachtung oder Teilnahme an einer Aktivität nimm dir Zeit für Reflexion. Teile deine Beobachtungen und Gedanken mit deinen Kolleg:innen und stelle Fragen. Nutze das Feedback, um deinen Blick zu schärfen und die Herausforderungen anzugehen.

Schritt 4 – Aktive Partizipation: Beginne nach Absprache mit kleineren, unterstützenden Aufgaben. Dabei kann es sich um den Austausch mit Kolleg:innen oder erste Interaktionen mit den Kindern und derer Familien handeln. Gewöhne dich langsam an sensiblere Aufgaben und nutze diese als Chance, Selbstvertrauen zu entwickeln.

Schritt 5 – Begleitete Autonomie: Übernimm nach Absprache mehr und mehr Verantwortung. Führe zum Beispiel ein Kennenlerngespräch oder übernimm Teile der Eingewöhnung. Lass dich dabei von deinen Kolleg:innen unterstützen, sei aber auch mutig, eigene Ansätze zu entwickeln.

Die Faszination des Neuen

Denke daran, dass jeder und jede erfahrene Fachkraft in der Kita einmal klein angefangen hat. Deine „ersten Male" sind Gelegenheiten, zu lernen, zu wachsen und Vertrauen in deine Fähigkeiten zu entwickeln. Sie stellen eine Chance dar, Erfahrungen zu machen und aus ihnen zu lernen. „Feh-

ler" – oder besser gesagt: Erfahrungen – sind nicht dein Feind. Sie sind deine Lehrer und Wegbegleiter. Jede Erfahrung, die du machst, gibt dir wertvolle Einblicke und hilft dir, dich weiterzuentwickeln.
Betrachte „Fehler" als Teil deiner Lernreise. Sie sind eine Gelegenheit, etwas Neues zu lernen, deine Herangehensweise zu überdenken und es beim nächsten Mal anders zu machen. „Fehler" sind ein Zeichen dafür, dass du dich Herausforderungen stellst und neue Dinge ausprobierst. Das ist es, was dich wachsen lässt.

MERKE!

In jedem Fehler steckt ein Helfer!

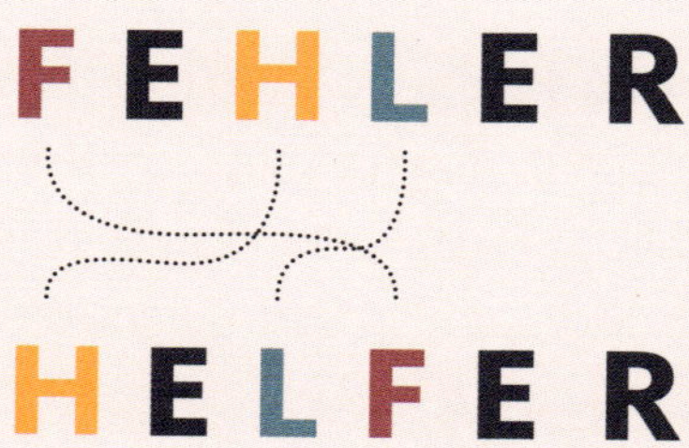

Vergiss nicht, dass du Teil eines Teams bist. Deine Kolleg:innen sind da, um dich zu unterstützen, dir Rat zu geben und mit dir zu reflektieren. Zögere nicht, sie um Hilfe zu bitten. Teile deine Gedanken und Sorgen mit ihnen und sei offen für ihr Feedback.
Jeder und jede hat den eigenen, ganz persönlichen Weg in der pädagogischen Arbeit. Was für den einen funktioniert, muss nicht unbedingt für die andere passend sein. Experimentiere, finde heraus, was für dich und deine Kita-Kinder am besten funktioniert, und sei mutig, deine eigenen Methoden zu entwickeln.
Dein Weg im Kita-Universum ist eine Reise voller Lernchancen, Entwicklung und persönlichem Wachstum. Mit den beschriebenen fünf Schritten, einer positiven Fehlertoleranz und -akzeptanz und der Unterstützung deines Teams wirst du diese ersten Male nicht nur meistern, sondern auch genießen. Sei mutig, sei neugierig und vor allem sei du selbst. Deine einzigartige Persönlichkeit und Herangehensweise bereichern die Welt der Kita.

8.7 WEITERBILDUNG FÜR EIN ARBEITSFELD IM STETIGEN WANDEL

> „Das Wunderbare an der Bildung ist, dass jeder sie will und man sie wie Grippe weitergeben kann, ohne selbst auf etwas zu verzichten."
> EVELYN ARTHUR ST. JOHN WAUGH

Die Ausbildung oder das Studium vermittelt eine Wissens-Grundbasis. Der pädagogische Alltag lehrt uns jedoch, dass jedes Kind einzigartig ist und zu seiner Unterstützung und Begleitung deswegen noch viel mehr dazugehört. Pädagogik ist stets im Wandel.

Wir leben in einer Zeit, in der sich das Verständnis von Kindheit und Lernen kontinuierlich weiterentwickelt. Es ist wichtig, dass du die Initiative ergreifst und dich selbstständig weiterbildest. Verlasse dich nicht ausschließlich auf die Fortbildungsangebote deines Trägers oder deiner Kita. Der Bereich der Pädagogik ist so vielfältig und dynamisch, dass du aktiv nach Möglichkeiten suchen solltest, darüber hinaus dein Wissen und deine Fähigkeiten zu erweitern.

Reflexion ist ein zentraler Bestandteil deiner professionellen Entwicklung. Nimm dir regelmäßig Zeit, um über deine Interaktionen mit den Kindern und deine pädagogische Arbeitsweise nachzudenken. Diskutiere deine Gedanken und Erfahrungen mit Kolleg:innen oder, wenn möglich, auch in Supervisionsgruppen, um neue Perspektiven zu gewinnen.

Vernetze dich mit anderen Fachkräften. Der Austausch mit Kolleg:innen aus anderen Einrichtungen oder mit Fachleuten aus unterschiedlichen Bereichen der Pädagogik kann dir wertvolle neue Einblicke und Inspiration bieten. Besuche Fachtagungen und/oder tritt pädagogischen Netzwerken bei, um Teil einer größeren Gemeinschaft zu werden.

Suche nach Fortbildungen, die einen starken Praxisbezug haben. Theoretisches Wissen ist wichtig, aber es ist unerlässlich, dieses Wissen in die Praxis umsetzen zu können. Workshops oder Fortbildungen, die dir praktische Fähigkeiten vermitteln oder neue Methoden für die Arbeit mit den Kindern an die Hand geben, sind gerade zu Beginn besonders wertvoll.

Sei kritisch bei der Auswahl deiner Weiterbildungen. Nicht jede Fortbildung oder jeder Ansatz wird für dich und deine Kita geeignet sein. Überlege dir, was zu eurer Philosophie und deinem Arbeitsstil passt und was den Kindern, die du begleitest, am meisten nützt.
Betrachte Weiterbildung als Teil deiner langfristigen Karriereplanung. Überlege dir, wo du in einigen Jahren stehen möchtest und welche Fähigkeiten und Kenntnisse du dafür benötigst. Setze dir Ziele für deine berufliche Entwicklung und suche nach Fortbildungen, die dich diesen Zielen näherbringen. Denke daran, dass jede Zeit und jedes Geld, das du in deine Weiterbildung investierst, eine Investition in dich und deine berufliche Zukunft ist. Du verbesserst nicht nur deine Fähigkeiten und dein Wissen, sondern erhöhst auch deinen Wert als Fachkraft.

Vielfältige Weiterbildungsmöglichkeiten

Glücklicherweise gibt es heutzutage vielfältige Möglichkeiten zur Weiterbildung. Online-Kurse, Workshops, Fachkonferenzen und Fachliteratur sind nur einige Beispiele. Nutze diese Ressourcen, um dich über aktuelle pädagogische Forschungsergebnisse, Entwicklungen und Trends zu informieren sowie neue Ideen und Ansätze kennenzulernen.

TIPP

Sechs Tipps in Sachen Weiterbildung

Regionale Bildung: Erkundige dich, welche Fortbildungsangebote es in deiner Nähe gibt. Präsenzseminare haben einen Vorteil: Es gibt andere Menschen, mit denen du dich austauschen kannst.

Bequem am PC: Online-Seminare oder Webinare sind die modernste, bequemste und schnellste Möglichkeit, sich weiterzubilden. Gerade Impulsvorträge – ob live oder als Video-Play-Seminar – werden immer beliebter, geben Denkanstöße und machen Lust auf mehr.

So fern und doch so nah(bar): Hier sind zum Beispiel das Berufsbegleitende Fernstudium oder langfristige Weiterbildungen mit Selbstlerneinheiten zu nennen. Im Internet findest du eine Vielzahl an Angeboten, an denen du bequem von zu Hause aus, im eigenen Tempo teilnehmen kannst.

Social Media: Soziale Medien können auch eine Form der Weiterbildung sein. Diese Posts regen zum Austausch an und schaffen Aha-Effekte. Allem voran stellen sie die beste Möglichkeit dar, dich mit anderen zu vernetzen.

Der persönliche Meinungsaustausch: Gehe mit Kolleg:innen in einen fachlichen Austausch. Dein Team besteht aus vielen Wissensträger:innen, die unterschiedliche Lerntypen sind. Sie verfügen über ein Fachwissen, von dem du immer profitieren kannst.

Inhouse-Fortbildungen: Auch im Interesse des Trägers werden im Kita-Jahr immer wieder interne Teamfortbildungen angeboten. Meistens kann das Team sich bei bestehenden Bildungspartner:innen der Kita Fortbildungs-Themen aussuchen. Spannend kann auch der Besuch von externen Dozent:innen sein, die zur Dienstberatung eingeladen werden. Impulsvorträge können ebenfalls bereichernd sein. Sich immer wieder auf den neuesten Stand zu bringen und das Team zum Austausch anzuregen trägt enorm zum guten Teambuilding (siehe Kapitel 6.1) bei.

Podcasts: Für den auditiven Zugang und Wissen für unterwegs sind Podcasts die ideale Möglichkeit, um sich mit kurzen Impulsen auf dem Laufenden zu halten, sich inspirieren zu lassen und Anregungen zum Perspektivwechsel zu bekommen (siehe unsere Empfehlungen auf Seite 138).

8.8 ACHT GESCHENKE ZUM ABSCHLUSS

Wir möchten dir zum Abschluss kurz acht japanische Lebenskonzepte vorstellen, die dazu beitragen können, dass du deine Arbeit in der Anfangszeit, aber auch darüber hinaus froh, professionell und erfolgreich gestaltest. Diese Konzepte sind wie Wegweiser auf deiner Reise durch das Kita-Universum. Indem du diese Konzepte in dein Leben integrierst, kannst du lernen, deinen Beruf aus einer neuen Perspektive zu betrachten und einen tieferen Sinn und Zufriedenheit in deinem Alltag zu finden.

Ikigai

Ikigai bedeutet, seinen Lebenssinn oder „das, wofür es sich zu leben lohnt", zu finden. Es geht darum, eine Balance zwischen dem, was du liebst, was du gut kannst, was die Welt braucht, und dem, womit du deinen Lebensunterhalt verdienen möchtest, herzustellen. Für deine persönliche Entwicklung bedeutet das, deine Leidenschaften und Stärken zu erkennen und in deine Arbeit zu integrieren. In der Kita kannst du dieses Konzept nutzen, um dein „Warum" zu ermitteln und deine Stärken/Ressourcen zu nutzen.

Ikigai: Die vier Pfeiler deines „Warums"

1. **Was du liebst:** Was sind die Aktivitäten, die dir pure Freude bereiten? Was begeistert dich so sehr, dass du jeden Morgen voller Vorfreude aus dem Bett springst?
2. **Was die Welt benötigt:** Wie können deine Handlungen anderen nutzen? Was braucht die Welt, zu dem du beitragen kannst?
3. **Wofür du bezahlt wirst:** Wie kannst du deine Leidenschaften und Fähigkeiten nutzen, um etwas zu tun, wofür du auch finanzielle Anerkennung erhältst?
4. **Worin du wirklich gut bist:** Welche Stärken und Talente zeichnen dich aus? Bei welchen Tätigkeiten gehst du vollkommen auf?

INFO

Erklärung der Überschneidungen:

- Was du liebst + was die Welt benötigt = Deine Mission
- Was die Welt benötigt + wofür du bezahlt wirst = Deine Berufung
- Wofür du bezahlt wirst + worin du gut bist = Deine Profession
- Worin du gut bist + was du liebst = Deine Passion

Erklärung zu dem, was dir zu deinem Ikigai fehlt:

- Du liebst es + du bist großartig darin + die Welt braucht es = du bist erfüllt, aber nicht reich
- Du liebst es + die Welt braucht es + du wirst dafür bezahlt = wohlhabend, aber mit dem Gefühl von Unsicherheit
- Die Welt braucht es + du wirst dafür bezahlt + du bist großartig darin = komfortabel, aber mit dem Gefühl von Leere
- Du wirst dafür bezahlt + du bist großartig darin + du liebst es = selbstzufrieden, aber mit dem Gefühl nutzlos zu sein

  Erst wenn sich alle Felder überschneiden, findest du dein ganz persönliches „Warum" bzw. dein Ikigai (siehe dazu auch Workbook, Übung 1–5).

REFLEXION

Reflexionsfragen zu deinem „Warum"

- Warum bist du pädagogische Fachkraft geworden?
- Was schenkt dir in deiner Arbeit den Sinn?

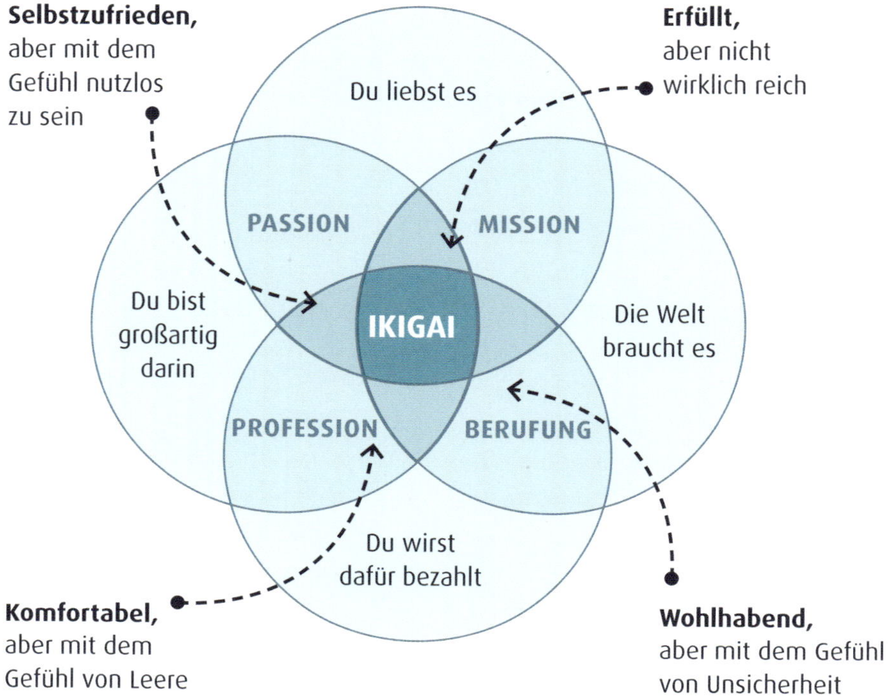

Shikata ga nai

Dieser Ausdruck bedeutet „Es lässt sich nicht ändern" und bezieht sich auf die Akzeptanz von Dingen, die man nicht kontrollieren kann. Es gilt, sich auf das zu konzentrieren, was man beeinflussen kann. In der Kita kannst du den Kindern vorleben, wie man mit Frustrationen umgeht, diese zu akzeptieren und sich auf die positiven, beeinflussbaren Aspekte zu konzentrieren.

REFLEXION

Reflexionsfragen zur Akzeptanz

» Kannst du unvermeidliche Dinge akzeptieren wie sie sind?
» Falls nicht: Woran könnte das liegen?
» Und was bringt es dir, gegen die Unvermeidbarkeit anzukämpfen?

Wabi-Sabi

Wabi-Sabi meint die „Wertschätzung der Schönheit im Unvollkommenen und Vergänglichen". Dieses Konzept lehrt, das Einfache und Natürliche zu schätzen. Persönlich kannst du lernen, dich selbst und andere so zu akzeptieren, wie sie sind. Im Kindergarten kannst du den Kindern vorleben, Fehler als Teil des Lernprozesses zu sehen, und zeigen, dass nichts und niemand perfekt ist.

REFLEXION

Reflexionsfragen zu Perfektion

» Muss alles perfekt sein, was ich tue?
» Ist überhaupt jemand in seinem Tun perfekt?

Gaman

Gaman bedeutet, „Geduld und Ausdauer in schwierigen Zeiten" zu zeigen. Dieses Konzept lehrt, Emotionen zu kontrollieren und Widerstandskraft zu entwickeln. Für deine persönliche Entwicklung ist es wichtig, diese Fähigkeit zu kultivieren. Die eigene Resilienz und die der Kinder zu stärken und zu fördern kann ein besonderer Teil deiner Arbeit werden.

REFLEXION

Reflexionsfragen zu Geduld

» Wer oder was treibt mich zur Eile?
» Wächst eine Pflanze schneller, wenn ich daran ziehe?

Oubaitori

Dieses Konzept ermutigt dich dazu, „dich nicht mit anderen zu vergleichen", da jede Person einzigartig ist. Diese Sichtweise kann dein Selbstbewusstsein stärken und dir helfen, dich auf deine eigenen Stärken zu konzentrieren. In der Kita kannst du die Erkenntnis nutzen, um Individualität und Selbstakzeptanz bei den Kindern zu fördern.

REFLEXION

Reflexionsfragen zu Einzigartigkeit

» Was habe ich davon, mich mit anderen zu vergleichen?
» Was habe ich davon, ein Kind mit anderen Kindern zu vergleichen?
» Wann hat es mir jemals etwas gebracht, mich mit anderen zu vergleichen?
» Wie habe ich mich gefühlt, wenn ich solche Vergleiche angestellt habe?

Kaizen

Kaizen steht für kontinuierliche Verbesserung in kleinen Schritten. Es geht darum, ständig nach Wegen zu suchen, um Dinge zu verbessern. Persönlich kannst du dieses Konzept nutzen, um deine Fähigkeiten und deine Professionalität stetig zu erweitern. In der Kita kannst du Möglichkeiten schafften, damit sich die Kinder kontinuierlich weiterentwickeln und Neues lernen können.

REFLEXION

Reflexionsfragen zur Weiterentwicklung

» Was konnte ich heute lernen?
» Was vom heutigen Tag würde ich beim nächsten Mal anders machen?
» Was hat mir heute geholfen, sodass ich es beim nächsten Mal gleich anwende?

Shu-Ha-Ri

Dieses Konzept beschreibt „drei Stufen des Lernens und der Meisterschaft": Shu (bewahren), Ha (brechen) und Ri (transzendieren). Es geht darum, zunächst von anderen zu lernen, dann eigene Wege zu finden und schließlich Neues zu schaffen. Dies kann dir helfen, deine Rolle als (angehende) pädagogische Fachkraft zu verstehen und darin zu wachsen. Es kann dir die Angst vor „Fehlern" nehmen.

Shu: „Widme dich den Grundlagen, indem du den Anleitungen eines Meisters folgst." Für dich zählen hier zum Beispiel Ausbildung/Studium, Weiterbildung und Selbststudium.

Ha: „Starte mit Experimenten und ziehe Lehren aus den Erfahrungen von Meistern, um das Erlernte in die Praxis umzusetzen." Probiere dich aus und versuche, das Gelernte in der Praxis anzuwenden. Hier sprechen wir vom Theorie-Praxis-Transfer und Lernen durch und mit deinen Mentor:innen.

Ri: In diesem Stadium liegt der Schwerpunkt auf Innovation und der Fähigkeit, dein erworbenes Wissen in unterschiedlichen Situationen anzuwenden.

REFLEXION

Reflexionsfragen zum Lernen

» Welche Möglichkeiten der Weiterbildung hast du?
» Wann hast du dich das letzte Mal über ein Thema ausführlich informiert?
» Wie kannst du dein gelerntes Wissen in der Praxis umsetzten?
» Was kannst du von deinem/deiner Mentor:in lernen?
» Wie kannst du dein Wissen in die Praxis integrieren und erweitern?

Shoshin

Shoshin bedeutet „Anfänger-Geist“ und bezieht sich darauf, eine Haltung der Offenheit, der Neugier ohne große Bedenken und Vorurteile zu bewahren. Diese Einstellung hilft, immer wieder neue Perspektiven zu gewinnen und kreativ zu bleiben. In der Kita haben Neugier und Offenheit einen ganz besonderen Stellenwert, um mit den Kindern zu arbeiten sowie von und mit ihnen zu lernen.

REFLEXION

Reflexionsfragen zu Neugier und Offenheit

» Wann warst du das letzte Mal so richtig voller Vorfreude und Neugier?
» Wie hat es sich angefühlt?
» Wie kann die Angst vor etwas Neuem hilfreich sein?

ALLES GUTE FÜR DEINEN START

Du hast nun deine ganz persönliche Landkarte und deinen ganz persönlichen Kompass für deine ersten Schritte im Kita-Universum. Du hast erfahren, wie verantwortungsvoll dieser Beruf ist und wie du deine persönliche Haltung entwickeln kannst. All diese Punkte mögen im ersten Moment überwältigend erscheinen und doch machen sie unsere Arbeit mit den Kindern, ihren Familien und den Kolleg:innen aus. Nimm bitte den Druck heraus: Du musst all das nicht ab deinem ersten Schritt in der Kita perfekt können oder umsetzen. Wir möchten dich dazu einladen und motivieren, mit neugierigem, offenem und kritischem Geist diese wundervolle Reise anzutreten. Uns geht es darum, dich für deine Reise zu sensibilisieren, zu stärken und zu begleiten. Auch Markus und Martha haben unterschiedliche Erfahrungen sammeln dürfen. Deine Bereitschaft dich zu reflektieren, zu hinterfragen und im gleichen Augenblick deine Neugier, Offenheit und Begeisterung nicht zu verlieren, sowie mit und von allen Akteur:innen zu lernen, wird dir dabei helfen, deinen ganz eigenen Weg zu gehen.
Wir wünschen dir zahlreiche Momente des Lachens, der Freude, des gemeinsamen Staunens und Wachstums.

„Das habe ich noch nie vorher versucht, also bin ich völlig sicher, dass ich es schaffe."

PIPI LANGSTRUMPF

Solange du dein „Warum" nicht aus den Augen verlierst, du dich darauf besinnst, dass es stets um die Kinder geht, und den Mut pflegst, nicht alles perfekt machen zu wollen/müssen, steht dir eine wundervolle Reise bevor. Wir möchten dich an dieser Stelle ein weiteres Mal fragen:

„Warum möchtest du im Kindergarten arbeiten?"

Vergiss dabei bitte nie:

» **Du bist wertvoll!**
» **Du bist ein Geschenk!**
» **Du bist unser:e Kolleg:in von morgen!**

Danke, dass du dich in unbekannte Weiten des Kita-Universums wagst, um unseren jüngsten Erdenbewohner:innen den Start ins Leben zu erleichtern! Alles Gute!

HÄUFIG GESTELLTE FRAGEN & ANTWORTEN (FAQ) FÜR DEN BERUFLICHEN START IN DER KITA

Wie gehe ich am besten mit der ersten Nervosität um?

Es ist völlig normal, am Anfang nervös zu sein. Nimm dir Zeit, um dich mit der Umgebung vertraut zu machen, und scheue dich nicht, Fragen zu stellen. Mit der Zeit wird die Nervosität nachlassen.

Wie kann ich am besten eine Bindung zu den Kindern aufbauen?

Zeige echtes Interesse an den Kindern, höre ihnen zu und spiele mit ihnen. Verbringe Zeit einzeln mit jedem Kind und lerne seine Vorlieben, Interessen und Stärken kennen.

Was mache ich, wenn ein Kind mich nicht akzeptiert oder Angst vor mir hat?

Habe Geduld. Manche Kinder brauchen länger, um sich an neue Personen zu gewöhnen. Biete dem Kind immer wieder aufs Neue zugewandte Unterstützung an, dränge das Kind aber nicht. Mit der Zeit wird das Vertrauen wachsen.

Wie gehe ich mit herausforderndem Verhalten von Kindern um?

Bleibe ruhig und versuche, das Bedürfnis bzw. den guten Grund dahinter zu sehen. Unterstütze das Kind durch die Verbalisierung und Spiegelung seiner Emotionen. Beobachte das Kind und finde heraus, was in der Situation zu diesem Verhalten geführt hat. Und zu guter Letzt: Hole dir Unterstützung im Team.

Wie kommuniziere ich am besten mit den Eltern und Familien?

Sei offen und ehrlich. Höre den Eltern zu und teilen deine Beobachtungen über ihre Kinder mit ihnen. Regelmäßige Kommunikation hilft, Vertrauen aufzubauen. Nutze den Freitag oder Montag als Türöffner, um mit den Familien ins Gespräch zu kommen.

Wie kann ich mich in das bestehende Team einfügen?

Sei offen für Feedback und bereit, zu lernen. Nimm an Teammeetings teil und biete deine Unterstützung an, wo es dir möglich ist.

Was mache ich, wenn ich mit einer Entscheidung oder einem Vorgehen nicht einverstanden bin?

Sprich deine Bedenken in einem angemessenen Rahmen an, zum Beispiel in einem Einzelgespräch mit deiner Leitung oder in einem Teammeeting. Bewerte die Entscheidung bzw. das Vorgehen, um das es hier geht, nicht. Versuche, zu verstehen, und darüber in einen Austausch auf Augenhöhe zu gelangen.

Wie bleibe ich in stressigen Situationen ruhig?

Achtsamkeit, Priorisierung, Weiteratmen und kurze Pausen können helfen. Erinnere dich daran, dass es in Ordnung ist, um Hilfe zu bitten, wenn du dich überfordert fühlst.

Wie halte ich meine pädagogischen Kenntnisse aktuell?

Nutze die Fort- und Weiterbildungsangebote deines Trägers und deiner Kita. Tausche dich regelmäßig mit Kolleg:innen aus, erweitere dein Netzwerk und lies in deiner Freizeit Bücher/Fachzeitschriften zu aktuellen pädagogischen Themen.

Wie gehe ich mit Kritik um?

Betrachte Kritik als Chance zur Weiterentwicklung und nicht als persönlichen Angriff. Frage nach konkreten Beispielen und überlege, wie du in Zukunft anders handeln könntest.

UNSERE EMPFEHLUNGEN FÜR DICH

Podcasts

Fea´s naive Welt: Für mehr Empathie in Kitas (Fea Finger)

Auf die ersten Jahre kommt es an – nifbe & Herder (Kathrin Hohmann & Karsten Herrmann)

Konflikte lösen. Konfliktwissen in 10 Minuten (Hergen Sasse)

Der Kitapodcast für bedürfnisorientierte Pädagogik (Lea Wedewardt)

KitaTalk mit Anja Cantzler (Anja Cantzler)

Gezwitscher aus dem Kindergarten (Kindergarten St. Franziskus im Kirchteil, Saskia Franz)

Mit_herz_und_leidenschaft (Christin Füchtenschneider)

KindheitsSpuren (BilderKraft und Rita Jorra)

Dein Feelgood Podcast (Ilka Köhler)

Ich eskalier gleich (Raphael Kirsch)

Heimlich Optimistisch: Der Podcast für eine bessere Kitawelt (Achim Heigert)

Praktisch Pädagogisch: der pädagogische Podcast (Jens Eichert & Dirk Fiebelkorn)

Pädagogik & Pinot (Sarah Bauer & Fea Finger)

Pädagogik mit Herz (Lisa Heindel)

PÄDcast (Alicia Sailer)

Happy Kids (Jasmin Merz)

Websites

www.Nifbe.de

www.beki-qualitaet.de

www.kita.de

www.fachportal-paedagogik.de

www.bmbf.de

www.bertelsmann-stiftung.de

www.stiftung-kinder-forschen.de

www.studieren.de

www.kindergesundheit-info.de

www.kita-fachtexte.de

www.dji.de

www.bildungsserver.de

Zeitschriften

kindergarten heute

Betrifft Kinder

TPS – Theorie und Praxis der Sozialpädagogik

klein & groß

Entdeckungskiste – Praxisimpulse für Kitas und Schulkindbetreuung

Kleinstkinder in Kita und Tagespflege

DonBosco Magazin

Wamiki

KiTa aktuell

Frühe Kindheit

Welt des Kindes

Basiswissen Kinder

Mit Kindern wachsen

Gefühlsfrösche – Bilderkarten unter:
https://shop.bilderkraft-fortbildung.de/produkt/gefuehls-frosch-karten-set-sei-kein-frosch-und-zeig-gefuehl/

Finde deinen Weg zu einem erfüllenden Berufsleben in der Kita!

Die ersten Schritte im Berufsleben können ganz schön verwirrend und überfordernd sein. Mit diesem Workbook passend zum Buch bekommt ihr Sicherheit und Orientierung und nehmt den Kita-Start selbst in die Hand.

Parallel zu dem hier vorliegenden Buch haben Sebastian Lisowski und Birger Holz ein Workbook entwickelt, mit dem du dich und deinen Kita-Start ganz praktisch und selbstaktiv reflektieren kannst.

Sebastian Lisowski, Birger Holz

DER KITA-KOMPASS. WORKBOOK

64 Seiten, 14,8 x 21 cm

Klappenbroschur, mit Gummiband

€ 14,00 (D) /€ 14,40 (A) / (C)

ISBN 978-3-451-39706-6

LITERATUR

BAMF – Bundesamt für Migration und Flüchtlinge (2024): Integration. Online unter: https://www.bamf.de/DE/Themen/Integration/integration_node.html#:~:text=Ziel%20von%20Integration%20ist%20es,alle%20%2D%20Alteingesessene%20ebenso%20wie%20Zugewanderte (letzter Zugriff am 18.03.2024).

Bernitzke, F. (2014): Handbuch Teamarbeit: Grundlagen für erfolgreiches Arbeiten in Kita und Kindergarten. Freiburg: Herder.

Bodenmann, G.; Perrez, M. & Schär, M. (2015): Klassische Lerntheorien: Grundlagen und Anwendungen in Erziehung und Psychotherapie. Berlin: Hogrefe.

Cantzler, A. (2022): Schätze finden statt Fehler suchen. Herausforderndes Verhalten verstehen in Kita, Krippe und Kindertagespflege. Freiburg: Herder.

Fiebelkorn, D. (2023): Mit meinem Sohn durch die Kita-Zeit – Wie du ihn verständnisvoll begleitest und liebevoll unterstützt. Hannover: Humboldt

Franke, P. (2023): Das Berufseinsteiger-Buch für Erzieherinnen. München: Don Bosco.

Göb, M. & Rustemeier, C. (2023): Nachwuchskräfte in der KiTa – als Tandem zum Erfolg. Ansätze des Mentorings nachhaltig nutzen und schon im Praktikum für den Beruf begeistern. Regensburg: Walhalla.

Halfmann, K. (2023): Haltung: Ein Praxisbuch für mehr Professionalität im Pädagogischen Alltag. Hamburg: Rowohlt.

Hohmann, K.; Wedewardt, L.; Finger, F.; Füchtenschneider, C.; Vasiliadis, H., Sasse, H.; Lisowski, S.; Grimm, L. & Noß, A. (2023): Kita(r)evolution: Zeit für Veränderung. Freiburg: Herder.

Hüther, G. (2011): Lernen mit Begeisterung – ein Plädoyer für eine neue Lernkultur. Online unter: www.rpi-loccum.de/material/pelikan/pel4-11/theo_huether (letzter Zugriff am 05.02.2024).

Maywald, J. (2021): Kinderechte in der Kita – Kinder schützen, fördern, beteiligen. Freiburg: Herder.

Maywald, J. (2022): Gewalt durch pädagogische Fachkräfte verhindern. Freiburg: Herder.

Nifbe (Hrsg.) (2022): Jedes Verhalten hat seinen Sinn – Herausfordernden Kindern in der KiTa begegnen. Freiburg: Herder.

Nifbe (Hrsg.) (2023): Hör auf damit! Zwischen verletzendem und achtsamem Verhalten in der KiTa. Freiburg: Herder.

Prehn, A. (2022): Hirnzellen lieben blinde Kuh – Was die Hirnforschung über starke Kinder weiß. Basel: Beltz.

Richter, S. (2024): Vorurteilen und Diskriminierung in der Kita begegnen. Freiburg: Herder.

Sasse, H. (2023): Konflikte lösen. Schwierige Situationen im Kita-Alltag meistern. Freiburg: Herder.

Schnurr, H. (2018): Inklusion rechtssicher gestalten. Alles, was Recht ist. kindergarten heute (48) 6–7, 3.

Sinek, S.; Mead, D. & Docker, P. (2018): Finde dein Warum: Der praktische Wegweiser zu deiner wahren Bestimmung. München: Redline.

The magical digital nomad (2023): 9 japanische Konzepte, die du kennen solltest (und vielleicht dein Leben verbessern).

Online unter: https://the-magical-digital-nomad.com/9-japanische-konzepte-die-du-kennen-solltest-und-vielleicht-dein-leben-verbessern/ (letzter Zugriff am 15.12.2023).

Unicef (1989): Konvention über die Rechte des Kindes.
Online unter: www.unicef.de/_cae/resource/blob/194402/3828b8c72fa8129171290d21f3de9c37/d0006-kinderkonvention-neu-data.pdf (letzter Zugriff am 05.02.2024).

Wedewardt, L. & Cantzler, A. (2022): Sich seiner selbst bewusst sein. Freiburg: Herder.

Wright, T.M. (2010): Partizipative Qualitätsentwicklung in der Gesundheitsförderung und Prävention. Bern: Hans Huber